Kritische Vierteljahresschrift
für
Gesetzgebung und Rechtswissenschaft

herausgegeben von

DrDr. E. Beling, A. Dyroff, W. Kisch, E. Riezler, L. Wenger,

Professoren der Münchener Juristenfakultät.

Dritte Folge. Band XXV. Heft 1.

(Der ganzen Folge Band LXI.)

1931.

München, Berlin und Leipzig.

J. Schweitzer Verlag (Arthur Sellier).

Inhalt.

Die Einsendung von Rezensionsexemplaren wird an die Verlagsbuchhandlung **J. Schweitzer Verlag (Arthur Sellier), München, Ottostraße 1a erbeten.** Separatabzüge aus Zeitschriften sowie Dissertationen finden regelmäßig keine Besprechung. Auch sonst behält es sich die Redaktion vor, nicht zur Besprechung geeignete Bücher zurückzustellen.

Die Herren Referenten tragen für Form und Inhalt ihrer Referate die alleinige Verantwortung. Erwiderungen können nach steter Übung der Zeitschrift nicht aufgenommen werden.

Die Herren Mitarbeiter werden gebeten ihre Manuskripte an jenes Mitglied der Redaktion einzusenden, von dem sie um das Referat ersucht worden sind.

I.

Rechtsphilosophie.

Dowdall, H. C., Estatification. The legal and political problem of corporate unity psychologically regarded. Being the presidential address to the society of public teachers of law in England and Wales for the year 1929. Oxford, Clarendon Press, 1930. 39 S. 2/6 sh.

Die kleine Schrift umspannt eine kaum übersehbare Fülle von Problemen. Darin liegt ihr Vorzug und ihr Mangel. Sie lenkt in engem Rahmen die Aufmerksamkeit des Lesers auf den ganzen Umfang jener viel und fruchtbar erörterten Fragen, die sich an die Begriffe von Staat, Gemeinschaft und Gesellschaft, von Recht und Souveränität, von Gesetz und Macht knüpfen, und sie führt begreiflicherweise die Untersuchung doch auch nicht mit demjenigen Maß methodischer Schärfe, das zur wissenschaftlichen Bewältigung jener Fragen aufgewandt werden müßte.

Die eigentümliche Absicht des Schriftchens läßt sich in kurzen Worten nur schwer kennzeichnen. Unter mannigfachen, nicht immer ganz einwandfreien Ausblicken in die Geschichte der Philosophie, mit einer oft etwas ausufernden Neigung zu volkstümlichen Beispielen, bei deutlicher Betonung des ,,common-sense" und vor allem mit der Tendenz, seine Lehren auf sogenannte „Beobachtungen" und „Tatsachen" zu gründen, entwickelt der Verf. den Unterschied zwischen dem bürgerlichen Bestande der „Person" und jenen als ,,estate" bezeichneten konkret-aktuellen Interessen und Verhältnissen, in die ihm die Person ohne Schmälerung ihres individuellen Seins eingespannt erscheint. Diese Unterscheidung, in allen ihren Bezügen erwogen und nach manchen Seiten hin auch im einzelnen verfolgt, zeitigt eben jenes System weitausgreifender Überlegungen, von denen eingangs die Rede war. — Schon der leiseste Versuch, sie kritisch zu erörtern, verstrickte sich in ein Gewirre erkenntnistheoretischer Grundfragen. Er könnte nicht umhin, vor allem anderen zu prüfen, ob der Ausgangspunkt der Schrift, die Unterscheidung zwischen Einzelpersonen, bzw. Bürger und Interessenbestimmtheit, einer methodischen Überlegung an allen Punkten standhält, ob nicht mit anderen Worten schon im Ansatz selbst Schwierigkeiten liegen, deren Beseitigung die ganze Position der Schrift von Grund auf umformen müßte. Setzt man sich freilich über solche Bedenken hinweg, so wird man zugeben dürfen, daß die kleine Arbeit manchem reichen Stoff und willkommenen Anlaß zum Nachdenken über die Probleme der Staats- und Rechtsphilosophie bietet.

München. R. Hönigswald.

II.

Rechtsgeschichte.

1. Heck, Philipp, Die Standesgliederung der Sachsen im frühen Mittelalter. Tübingen (J. C. B. Mohr) 1927. 210 Seiten. 8°.

In einer Lebensarbeit, die — soweit historisch gerichtet — fast ausschließlich Ständefragen galt, hat Heck vergeblich gegen herrschende Lehren angekämpft. Begreiflich, daß dem Siebziger beim Rückblick auf sein Ringen sich die Feder nochmals in die Hand drängt. Zwei Schriften solcher Art liegen heute vor; die hier zu würdigende gilt dem sächsischen Ständeproblem. Gedrängt im Stil, scharfsinnig, überlegt im Aufbau, setzt sie den Quellenstoff als schon bekannt voraus. Bezüglich seiner wird auf frühere Schriften Hecks verwiesen; es geht nur mehr um seine Deutung, um Quellenauslegung überhaupt: auf rund 150 Seiten. Daran schließt sich als Anhang Antikritik, die vornehm in der Form (wie stets bei Heck), sachlich z. T. recht scharf ausfällt. Es geht gegen Dopsch und seine Notabelntheorie bezüglich der nobiles, gegen Stengel, Keutgen u. a. bezüglich der Dienstmannen, schließlich wegen der liberi gegen das, was R. Schröder aus den Ilfelder Urkunden gefolgert hat.

Der knappe Aufriß längst begründeter Gedankengänge verschärft den katechetischen Charakter dieser Schrift; die Linearität mathematischer Beweisführung wird fast erreicht. Für Heck, der als Dogmatiker durch eigene, grundsätzliche Denkweise manch bekannteren Namen überragt, ist die Geschichtsbetrachtung nicht, wie für A. Heusler, „proxima poetis et quodammodo carmen solutum".[1]) Seziert, wie im Herbarium, liegen die Quellenbelege in seiner Darstellung vor uns. Und dennoch: welche Kenntnis der im Untersuchungsfeld strömenden Quellen, welch überlegte Fragestellung, welche Zucht im Abwägen des pro et contra! Ob freilich der metho-

[1]) Aus dem Motto (Quinctilian, Inst. orat. X I, 31) zu Heuslers D. Vg.

disch nicht entschleierbare Vorgang geschichtlicher Intuition bei Heck zu seinem Rechte kommt, darüber gehen die Urteile wohl auseinander; im Übermaß methodischer Gewissenserforschung scheint ihn Heck mir zu gering zu achten. Und jedenfalls mußte dieser unbeirrte Glaube an das logische Gerüst seiner Beweise ihn in Gegensatz zu denen setzen, die mit anderem Blicke sahen: vor allem wohl zu Brunner. Es gibt Verschiedenheiten auch des forscherischen Naturells, die eine Verständigung fast unmöglich machen.

I. Die Schrift, mit der wir hier befaßt sind, gilt dem karolingischen Ständebild in Sachsen, wennschon der Verf. die Fäden bis zum Sachsenspiegel weiterspinnt. Die sächsischen Kapitularien, wie auch einzelne Stellen der Lex Saxonum (17, 36 und 64) nennen unterm nobilis den liber; es folgen abwärts litus und servus. Höchst eigenartig ist deshalb, daß die Bußsachen der Lex nur am nobilis abgehandelt werden und auch die Eherechtssätze offenbar den nobilis vor Augen haben. Die Folgerung der herrschenden Lehre daraus lautet: die Lex ist ein Adelsstatut. Jene Hecks: der nobilis ist kein Adeliger im späteren oder einem rückerschlossenen Sinn („Volksadel"), sondern Gemeinfreier. Der liber ist dann Minderfreier, und seine Bußnorm war an Hand der altsächsischen Wergeldrelation leicht zu errechnen.

Von vornherein ist einzuräumen, daß Hecks Erklärung den Befund einfacher aufklärt, als die herrschende. Denn wer den sächsischen Adel begünstigen wollte, konnte darin schwerlich Anlaß finden, die Freien in den Bußkatalogen einfach zu übergehen, es sei denn, daß ihre Zahl als zu gering erschien. Allein dann handelte es sich bei den liberi eben nicht um die breite Schicht Gemeinfreier. Tatsächlich zeigt die Vita Lebuini, daß schon vor Erlaß der Lex das Sachsenvolk in nobiles, liberi und liti gestuft war, und daß alle drei Klassen an der Wahl der Gauhäuptlinge teilnahmen.

Zwei Einwände sind es insbesondere, die Hecks Erklärung wachgerufen hat: der Standesname nobilis und die Höhe seines Wergelds wollen zu Gemeinfreiheit nicht stimmen. Den Schlüssel zur Frage 1 sucht Heck im Übersetzungsvorgang: den Edeling kennzeichnet anders, als den nobilis der Römersprache, nicht das Ansehen, sondern die Gesipptheit, seine Zugehör zu altem Geschlecht (aðal).

In der Tat hat uns Neckel (am literarischen Stoff und ohne rechtsgeschichtliche Absicht) auf gemeingermanischem Grunde ein verwandtes Bild entworfen,[2]) das ohne Einfluß Heckscher Lehren ganz aus sich gewonnen ist. Die Wurzelsippschaft zwischen adal und odal weist ihn auf die entscheidende Rolle der Erbgesessenheit; Adel bezeichnet ursprünglich den Stamm altansässiger Erbbauern. Keine kleine Oberschicht also, keine Notabeln im Sinne Dopschs, sondern den seines alten Bluts bewußten, durch Ebenburtsschranke nach unten abgeschlossenen Kern des Volks. Was später sich aus Amtsanwartschaft und Vassallität entwickelt, ist ein neuer Adelsbegriff, dessen Wertmesser eben nicht mehr das Geschlechtserbe, sondern die königliche Gunst ist. Aber auch das, was Tacitus mit seiner nobilitas im Auge hat, ist nicht dieser Adel im germanischen Sinne; seine nobiles sind keine „Adelbauern" (wie Neckel sie nennt), sondern die Vornehmsten im Volk, die Leiter seiner Geschicke und die Geschlechter, aus denen sich gewohnheitsmäßig solche Anwartschaft ergibt — wie sich Entsprechendes auch später in Bauern-Völkerschaften findet. Von Wergeldstufung, rechtlicher Ebenburtsschranke ist da keine Rede.

Von solcher Notabelnschaft führt freilich kaum eine geschichtliche Brücke zum Adel der Lex Saxonum. Wo sollte auch zwischen Tacitus und Karl d. Gr. auf sächsischem Boden die Voraussetzung sich finden, um einen „Volksadel" im Rechtssinn abzukapseln? Die sächsische Go-Häuptlingschaft beruht auf Wahl und kein Heereskönigtum vom Gewicht der Merowinger schafft hier einen Gefolgschaftsadel. Heck scheint im Recht: die Adelbauern bilden noch den Kern des Volkes. Wenn die Capitulatio de partibus Saxoniae (c. 15) für die Aufbringung je eines Knechts und einer Magd zur Kirchenwidem 120 Edelinge, Frilinge und Laten ineinander rechnet, dann muß das Adelbauerntum recht dicht im Land gesessen sein.

Und nun das hohe Wergeld dieser nobiles! Es beträgt (L. Sax. 14; 66) nicht weniger als 1440 Schillinge. Natürlich kann das niemals Simplum sein. Heck rechnet daher, wie folgt: die Kleinschillinge der Wergelder (L. Sax. 66) sind Trimesses merowingischer Währung; bei 1440 handelt es sich mithin nur um 480 Vollschillinge, mit anderen Worten um das Triplum der 160 Schillinge, die die Lex Ribuaria

[2]) Neckel, Adel und Gefolgschaft. Braunes Beiträge Bd. 41, hier S. 390f.

(36, 4) dem advena Freso vel Saxo gibt. Verdreifacht aber ist der Satz, weil damals so in Sachsen wie in Friesland ein Ausnahmezustand galt.

Dieses Standrecht ist sonst zwar nirgends bezeugt, gleichwohl würde es m. E. das Rätsel der Bußzahl 1440 immer noch am besten lösen, auch wenn Hecks Umrechnung irrig sein sollte (worüber der Numismatiker entscheiden mag).[3]) Und der Inhalt der Lex paßt sehr gut zu dieser Annahme. Die politische Gewitterschwüle ist in der Tat fühlbar; Mord, Totschlag (selbst am eigenen Herrn), Brandstiftung und Hochverrat stehen unter den Tatbeständen obenan; versagt wird der Asylschutz für das Leben des Friedbrechers. Noch herrscht eine Strenge, die weder altgermanische noch großfränkische Grundlage hat, vielmehr in den damaligen sächsischen Verhältnissen begründet sein muß.

Nur Standrecht kann die Vervielfachung des Edeling-Wergelds erklären und erklärt sie auch restlos. Daß Karls Anhang im Lande noch bedroht war, zeigt die Lex, und wenn die Stellungnahme und das Schicksal der obersten Freienschicht auch für die mindern Schichten maßgeblich war, so war es zweckmäßig, das Standrecht für die Edelinge aufzurichten. Es trägt hierbei nichts aus, ob der genannte Satz Losungswergeld oder echtes Wergeld ist; im offenen Austrag mit der Waffe stand praktisch doch nur Edeling gegen Edeling. Das hohe Wergeld und die hohen Bußen sind mithin nicht Simpla; es ist ja auch ganz ausgeschlossen, daß Karl den Sachsenadel so sehr über seine eigene Vasallität erhöht hätte! Damit entfällt m. E. die Hauptstütze der „Volksadel"-Theorie.

Für Hecks Gleichung spricht vor allem die Bußziffernrelation, die das Capitulare Saxonicum (c. 3) gibt und zu der die Lex Saxonum (c. 36) wenigstens beim fredus die Bestätigung liefert, soweit die sächsische Stufung in Betracht fällt. Wobei es sich (arg. L. Sax. 66) um Großschillinge handelt. Wo hiernach der Franke 15 Schilling erlegt, zahlt der sächsische Edeling (nobilior, nobilis) 12, der Friling 6, der Lite 3 Großschillinge. Der Edeling bezahlte, wenn man diese

---

[3]) Das Sachsen- und Friesenwergeld der Lex Ribuaria 36, 4 betrifft den advena. Soll man die Zuwanderer grade in der Schicht erbsässiger sächsischer Edelinge suchen? Man müßte schon an Landverweisung, Acht und Fehde denken.

Sätze nach der Verhältniszahl 2 : 3 (L. Sax. 66) in Kleinschillinge umsetzt, mithin 18 Schillinge, was auch im Wergeld, das stets in Kleinschillingen berechnet wurde (L. Sax. 66), die Verhältniszahl 5 : 6 ergäbe. Tatsächlich steht nun dem fränkischen Latenwergeld von 100 Schilling[4]) in L. Sax. 16 ein sächsisches Latenwergeld von 120 Schilling gegenüber. Daraus folgt, daß der Satz von 12 Groß- oder 18 Kleinschillingen, den der sächsische Edeling zahlte, wo der Franke 15 Schilling, den Edeling auf gleiche Stufe mit dem fränkischen ingenuus stellt, den Friling aber nur auf halbe Höhe. Aufs Wergeld übertragen entspricht der Satz von 1440 Schill. in fränkischer Bußabstufung 1200 Schillingen, d. h. der sächsische Edeling wurde mit dem Duplum des fränkischen antrustio oder mit dem Sexuplum des fränkischen ingenuus gebüßt, wo es um großen Friedbruch ging. Ein weiteres Argument, dem Heck besonderes Gewicht beilegt: wo die Lex Ribuaria (c. 16) den vom Freien am Freien verübten Menschenraub behandelt, kopiert L. Sax. 20: Si nobilis nobilem extra solum vendiderit!

Handelt es sich bei den nobiles in der Tat um den Stamm erbsässiger Altfreier, unter dem (an Zahl wohl stets die breitere Schicht) das Latentum seine Zinsgüter baute, so gilt es nun, den Stand der Frilinge (liberi) zu deuten. Heck denkt i. W. an Freigelassene bzw. ihre Nachkommenschaft, wennschon er auch den Abstieg einzelner aus Adelbauernrang in Rechnung stellt. Das würde in der Tat dem alten Wortsinn von Adel am besten gerecht; besagt er doch, daß es auch Freie gab, die weder altgesippt noch erbgesessen waren. Was auf den sich mehrenden Nachwuchs freigelassener Leute ja vortrefflich paßt. Daß es sich dabei erst um ein Entwicklungsergebnis vergleichsweise jüngerer Zeit handelt, lehrt nächst dem Ständebild der fränkischen Volksrechte ganz besonders klar das Baiernrecht. Die „liberi" der Lex Baiuwariorum (IV) sind in den Dingolfinger Dekreten (770) zu „nobiles" d. h. zu „Edelingen", die „liberi, qui per manum dimissi sunt liberi, quos frîlaz vocant" (V) dagegen zu „liberi" d. h. zu Frilingen schlechthin geworden.

Altes Erbbauerntum und aufstrebende Freilassenschaft: reicht diese Formel für das Sachsen um 800 aus? Oder liegen in der wirt-

[4]) Cap. legi Rib. add. a. 803 c. 2.

schaftlichen Bewegung seit der Seßhaftigkeit und dem Sieg des Sondereigens nicht bereits auch Keime, die innerhalb altfreien Volkstums Schichtungen erzeugten? So etwa lautet die Frage, der ja auch Heck selbst Rechnung trägt, die aber freilich im Etymon von Adel doch nur unzulänglichen Widerhall findet. Ich meine jene Schicksalstragik bäuerlichen Volkstums, die aus dem Spiel von Landverknappung und von Menschenüberschuß sich allenthalben ergibt, wo der Boden sipperechtlicher Gemeinwirtschaft verlassen wird. Eine Tragik, die durch Einforstung vormaligen Volkswalds nur beschleunigt werden konnte. Besitzzersplitterung, abhängige Stellung Nachgeborener auf dem Erbgut des Vaters oder völlige Enterbung, die zur Arbeit auf geliehenem Boden zwingt: das sind die drei schlimmen Geschenke, die hier die Büchse der Pandora birgt. Und wie immer die Wahl ausfallen mag, welche in der tatsächlichen Entwicklung liegt, am Ende droht hier die Vermischung vormals adelbäuerlicher Schichten mit dem nachdrängenden Freilassentum, die zu ständischer Schranke gegen oben führt. Man sieht, wie E. Mayers Sippeseniorat und die weiteren Hypothesen, die V. Ernst darangeknüpft hat, und die genau so um Sipperecht und Erbfolgeordnung kreisen, wie Neckels Adelbauernlehre, geschichtlich bedeutsamer Problematik gelten. Es ist möglich, daß Hecks Lehren, obwohl der Wortsinn Adel ihm Recht zu geben scheint, von jener Seite her einer Ergänzung bedürfen; für ernsthaft ausgetragen halte ich die Frage heute keineswegs. Und freilich fehlt für die Erklärung, die die herrschende Lehre bietet, weit mehr ein überzeugender Grund als für die Deutung Hecks.

II. Das karolingische Ständebild des Sachsenrechts glaubt Heck im Sachsenspiegel wiederzufinden, wenn auch mit anderer Namengebung für die Schichten. Die Altfreien leben in der Oberschicht bis herab zum schöffenbaren Mann einschließlich fort; sie ist durch ein Wergeld, eine Buße ausgezeichnet (Ssp. Ldr. III 45). Über den Laten steht auch jetzt noch eine Zwischenstufe mit einem Wergeld, einer Buße: die Biergelden oder Pflegschaften und die Landsassen. Der Spiegel trennt bekanntlich beide nach Gerichtsstand und Siedlungsrecht. Der Biergelde oder Pfleghafte, der Eigen hat, nimmt vor dem Dompropst und dem Schultheiß Recht; der Landsaß, der zu freier Leihe (oder Pacht) sitzt, gehört zusammen mit dem Laten vor Erzpriester und Gogreven. Nun findet Heck den erzpriesterlichen Send und das Goding im ländlichen Kontrollbild zeitgenössischer Urkunden und sonstiger Quellen wieder, dagegen Propstsend nicht und auch das allseitig zuständige Schulzending nicht. Wo, wie gelegentlich, bäuerliches Eigen vor dem Grafschaftsschulzen aufgelassen wird, amtet dieser als Vicarius des Grafen. Hecks Lösung dieser Frage ist bekannt: der Stand der Biergelden oder Pfleghaften beschränkt sich auf das städtische Bürgertum: hier halte in der Tat der Dompropst seinen Send, hier richte in der Tat ein Schultheiß auch in Strafsachen über Freie. Der Spiegel vermeide aber die übliche Bezeichnung Bürger deshalb, weil er, dem älteren Sprachgebrauche folgend, noch den Burgmann burgêr nennt.

Hecks Pfleghaftenthese ist wohl ziemlich allgemein auf Ablehnung gestoßen, und ich glaube auch meinesteils, daß er irrt, kann aber nur hinzufügen, daß ein abgelehnter Deutungsversuch weder Ehre noch Namen des betr. Forschers je in Frage stellen wird. Entscheidend ist für mich der literarische Befund; nie und nimmer umschließt die Darstellung des Sachsenspiegels Stadtrecht. Auch bildet, wie K. Beyerle mit Recht betont, das Bürgertum zu Eikes Zeit eben noch keinen Stand und sind die Libertinen in der Stadt nicht zahlreicher, als auf dem Lande. Und dann der Sprachgebrauch: keine einzige Nachricht nennt unzweideutig und so, daß nicht (wie beim Meißner Rechtsbuch) ein Schreib- oder Lesefehler denkbar wäre, den Bürger Biergelden oder Pfleghaften. Heck hilft sich mit der Annahme eines räumlich begrenzten Sprachgebrauchs, allein es läßt sich in der Stadt überhaupt ein solcher nicht ermitteln. Statt dessen findet sich das Wort wohl in bezug auf ländlichen Grundbesitz; der Walkenrieder Urkunde von 1214 hat Heusler[5]) eine thüringische von 1219 zugefügt, Molitor[6]) eine zweite sächsische aus der Mitte des 13. Jahrh. Stets ist von ländlichem Grundbesitz die Rede, der dem Grafen verfangen ist und ohne seine Zustimmung nicht veräußert werden kann. Ich halte es für ausgeschlossen, daß neben diesem erweisbar eine ländliche Bevölkerung treffenden Begriff ein

[5]) Mitgeteilt durch v. Amira in der Ztschr. d. SavSt. f. Rg. Bd. 28 (1907) Germ. Abt. S. 435. Es handelt sich um 2 Hufen eines Bauern in Keula i. Th.

[6]) In der Ztschr. d. SavSt. f. Rg. Bd. 32 (1911) Germ. Abt. S. 330f.

zweiter gleichen Namens für den Bürger bestand, obwohl er sich in all den zahllosen Stadtsrechtsquellen dieser Zeit auch nicht ein einziges Mal belegen läßt. Doch die hier zu besprechende Schrift ist nicht dem Austrag dieser Frage gewidmet, und es würde auch in der Tat zu weit führen, wollte ich dieselbe ab ovo hier erörtern. Ich begnüge mich, auf einen Punkt hinzuweisen, der das Verständnis doch vielleicht noch fördern könnte.

Hecks Wortdeutung pfleghaft = pflichtig geht davon aus, daß pflege auch für pliht gebraucht wird und in städtischen Urkunden dann die Bürgerpflichten meinen kann. Allein es ist klar, daß dort der engere Wortsinn erst aus dem Zusammenhange folgt; Pflichten gab's so auf dem Land wie in der Stadt und deshalb ist das Wort nicht geeignet, den Stadtbürger abzugrenzen. Und wo das Wort tatsächlich in Urkunden begegnet, bezeichnet es gerade nicht Leute mit Bürgerpflicht. Vor allem aber heißt pfleghaft (also das Eigenschaftswort) kaum je pflichtig; insbesondere sagte man auch in Magdeburg plihtich und nicht pfleghaft.[7])

Aber freilich heißt Pflege auch ebensowenig Zins (v. Amira). Wohl stellt der Sachsenspiegel mehrfach Zins und plege zusammen. Man ersieht aber aus Ssp. Ldr. I 4 (wo nur des Reimes wegen plage für plege steht), daß plege Unterhalt, Leibzucht bedeutet, so daß man bei Zins und plege letzteres auf Naturalien zufolge Leibzucht deuten mag, wie sie bei bäuerlichen Altenteilsverträgen zu entrichten waren. Und jedenfalls ist Zins so Geld wie Naturalzins, das folgt schon aus dem mittelalterlichen Sprachgebrauch von censualis. Pfleghaft kann mithin nicht wohl grafenschatzpflichtig bedeuten; denn der Grafenschatz ist Zins, nicht plege. Er wird m. W. auch nirgends so bezeichnet.

Tatsächlich ist plege ein alter Rechtsbegriff, der sich weit vor die Rechtsbücherzeit zurückverfolgen läßt. Das Wort (mhd. phlege) ist unbestritten Lehnwort, wenn auch gewöhnlich von plicare abgeleitet.[8]) Nun taucht schon im Pactus pro tenore pacis (c. 11) ein Wort auf, dessen Grundform die eine Hs. richtig mit plebejum wiedergibt, indessen andere Hss. die Nebenformen plibium, plebium bieten.

[7]) D. Städtechron. VII S. 323, 462.

[8]) Grimms D. WB. s. v. Pflege. Vgl. aber Kluge, Etym. WB. S. 343.

Das Wort kehrt im Capitulare de villis (c. 24 und 42) wieder und findet sich noch einmal in der Admonitio ad omnes regni ordines von 823/5 (c. 17). Neben plebejum sind in der italienischen Urkunde von 828 (Arezzo) die Gauleute als pleveri, ist in einer weiteren Urkunde von 1196 (Arezzo) die Pfarrei als pleberium belegbar.[9]) Die Ableitung des vulgarlat. plebium von plebs ist damit wohl gesichert. Französischer Lautgesetzlichkeit zufolge[10]) wird nun aus plebi-um plege wie aus rabi-es rage und aus abbreviare abreger. Entsprechend finden wir für plege im Italienischen pieggio. Mit den normannischen Eroberern kommt plege (oder pledge) nach England, wo es als frankpledge (francum, liberale plegium, auch plegium schlechthin) das ags. friborg ersetzt.[11])

Der Wortsinn ist hier überall Obhut, Fürsorge und dann Verantwortung kraft Obhut, auch Gestellungsbürgschaft.[12]) Der Pactus weist den Knecht unter Gestellungsbürgschaft, und ähnlich meint auch die Stelle der Admonitio Verantwortung kraft Obhut; sie macht beim Auszug jedem Anführer zur Pflicht, seine Leute genau im Auge zu behalten; denn „quicquid in pace violanda delinquerint, ad ipsius debet plivium pervenire.“ Versinnlichend sagt das Capitulare de villis, man habe Geräte „in plebio“ zu halten, also zu verwahren. Dem „sik verplegen“ des Sachsenspiegels entspricht in einer italienischen Urkunde von 964 (Teano), wo von der Beweiswette die Rede ist, „pligare se cum (= ad) s. Dei evangelia ad recipiendum . . . testimonia ipsa et sacramenta“, wobei die Parteien Bürgen (mediatores) stellen.[13])

In seiner französischen Form plege kommt das Wort plebium, vermutlich auf niederrheinisch-niederdeutschem Wege, in den deutschen Sprachschatz, um dann zu oberdeutschem phlege umzulauten. Und wie im Westen heißt es Obhut (davon Unterhalt) und Verantwortung (davon Pflicht), endlich, wie in der italienischen Urkunde das pleberium, auch Amt und Sprengel.[14]) So steckt derselbe

[9]) Ficker, Forschungen IV S. 15f. und 241.
[10]) Voretsch, Einführung S. 155, wo freilich unser Wort nicht als Beleg erscheint.
[11]) Liebermann, Gesetze d. Angels. II S. 744 N. 5.
[12]) Vgl. Mg. Capit. II S. 679 s. v. plebium.
[13]) Ficker, a. a. O. S. 31f.
[14]) Vgl. O. Gierke in Z.² Rg. Bd. 27 G.Abt. S. 479.

Pertinenzgedanke, den die Osnabrücker Bargilden-Urkunden so deutlich verraten, wohl auch im Wortverstand von pfleghaft: die Bauern und ihre Güter gehören in die Pflege des Grafen.

Die urkundlichen Zeugnisse über Pfleghaftengüter, die dem Grafen (nicht etwa dem Burggrafen) dingpflichtig sind, bilden auch nach meiner Überzeugung den einzig zulässigen Ausgangspunkt zur Lösung der Pfleghaftenfrage. Die wenigen Belege über Gerichthaltung durch den Grafschaftsschulzen ergänzen das Bild und die ständische Sendgerichtsbarkeit des Dompropstes bildet jedenfalls kein Hindernis, den Stand in der Landschaft zu suchen. Sind doch auch die Freigäste (liberi hospites) des Erfurter Landes und der Grafschaft Tonndorf, die an die mainzische Pflege beider Orte zinsen und vor dem Schultheißen Recht nehmen, ausdrücklich vom Send der Archidiakone gefreit,[15]) also doch wohl dem des Erfurter Propstes unterstellt. Der Magdeburger Send des Dompropstes ist, wie er bezeugt wird, nur ein räumliches, kein ständisches Forum. Das ständische Forum über Schöffenbare und Landsassen konnte Eike aber schwerlich dem räumlichen des Stadtarchidiakonats gegenüberstellen.

Mit diesen wenigen Hinweisen muß ich mich begnügen. Ich glaube dies um so eher verantworten zu können, als offenbar auch in der Pfleghaftenfrage das letzte Wort noch nicht gesprochen ist, wennschon es wenig Aussicht hat, am Bürgerstand der Pfleghaften festzuhalten, solange dafür keine besseren Nachrichten beibringlich sind.

Frankfurt. Franz Beyerle.

---

[15]) Erfurter Bibra-Büchlein v. 1332 (Kirchhoff, Weist. d. St. Erf. S. 31 ff.) § 120: Notandum eciam, quod dominica ante Martini aut post, prout placet provisori, liberi hospites „qui sunt in numero circa 60 morantes in villes Holtzhusen, Bechstete, Egenstete, Nusezen, Urbech et Hovelden (sämtliche südöstlich Erfurt) vocati et citati per bodellum in curia s. Severi debent dare censum eorum. Et nota, quod quilibet liber hospes dat 3 pullos bonos et 30 ova recencia . . . . Notandum, quod pred. liberi hospites sunt exempti a theoloneo in civitate Erfordensi et eius oppido . . . Item . . . cum trahuntur ad presenciam sculteti vel iudicum secularium, tunc debent promittere sub pena perdicionis libertatum suarum, quod velint stare iuri . . . . . coram sculteto. Item pred. liberi hospites sunt exempti a visitacione synodum archidiaconorum. Eandem graciam habent liberi hospites dantes censum liberum ad eastrum Tuntorf.

2. Förster, Max, Die Freilassungsurkunden des Bodmin-Evangeliars.

In der Festschrift "A Grammatical Miscellany" Copenhagen 1930, die Otto Jespersen zum 70. Geburtstage überreicht wurde, veröffentlichte Max Förster S. 77—99 „die Freilassungsurkunden des Bodmin-Evangeliars". Förster legt eingangs seiner Abhandlung dar, daß eine kritische Gesamtausgabe der angelsächsischen Urkunden der besondere Wunsch der englischen Philologie sei. Nicht nur die Unvollständigkeit der bisherigen Urkundensammlungen ist zu beklagen, sondern auch die Tatsache, daß die vorliegenden Sammlungen den heutigen wissenschaftlichen Ansprüchen nicht mehr genügen können. Einerseits sind die älteren Urkundenausgaben von Kemble und Thorpe durch zum Teil willkürliche Korrekturen des überlieferten Wortlautes und durch nicht kenntlich gemachte Konjekturen schwer lesbarer oder unlesbarer Stellen unzuverlässig. Andrerseits leidet die unvollständige Sammlung von Birch darunter, daß sie das Alter der Überlieferung und die Echtheitsfrage beiseite läßt. Förster weist auch an einem Beispiel nach, wie sich durch solche „Interpolationen" Irrtümer sogar in das angelsächsische Wörterbuch eingeschlichen haben.

Zu dieser Klage des Philologen gesellt sich die Klage des Rechtshistorikers. Die Bedeutung des angelsächsischen Rechts im Rahmen der germanischen Rechtsgeschichte ist hinreichend bekannt. Gehören doch die angelsächsischen Gesetze „wegen ihres Reizes ungetrübter Ursprünglichkeit zu den allerkostbarsten Stücken der deutschen Gesetzesinkunabeln" (v. Amira, Grundriß S. 30). Demgegenüber lassen die Ungenauigkeiten des Urkundenmaterials auch den Rechtshistoriker zuweilen gerade da im Stiche, wo die philologische Forschung letztlich den einzigen Anhaltspunkt für die rechtsgeschichtliche Wertung bildet.

Es hat daher auch der Rechtshistoriker zu danken, wenn Förster es unternommen hat, die angelsächsischen Freilassungsurkunden des Bodmin-Evangeliars — 51 an Zahl — zu edieren. Dieses Evangeliar wurde zu Anfang des 10. Jahrhunderts im Benediktinerkloster zu Bodmin, dem uralten kornischen Zentrum der Klosterkultur, geschrieben. Im Laufe des 10.—12. Jahrhunderts wurden an verschiedenen freigelassenen Blättern und Seitenteilen diese Freilassungsurkunden eingetragen. Wie Förster S. 78 darlegt, entspricht dies einer damals offenbar weit verbreiteten Sitte, Kirchenbücher zur Erhaltung wichtiger Urkunden zu benützen.

Die Formel der Eintragungen lautet fast durchweg: N. N. quos liberavit N. pro redemptione animae suae super altare sancti Petroci coram istis testibus (videntibus). Zuweilen findet sich die Malediktion oder Exkommunikation gegen denjenigen beigefügt, qui fregerit hanc libertatem, während im anderen Falle benedictus sit, quicumque custodierit libertatem. Es handelt sich mithin um die bekannte Freilassung vor dem Altar. In Nr. XXII ist gesagt, daß die Freilassung „super cimbalem sancti Petroci" erfolgte. In einigen Fällen ist hervorgehoben, daß sich die Freilassung auch auf den semen oder team des Freigelassenen erstreckt.

Über die rechtliche Würdigung dieser Dokumente ist in diesem kurzen Berichte noch nicht zu handeln. Es sollte vielmehr zunächst nur auch an dieser Stelle der Wunsch ausgesprochen werden, Max Förster möge durch weitere Urkundeneditionen auch der Rechtsgeschichte zu neuem Lichte verhelfen.

München. Dr. Hans Würdinger.

3. Vincke, Johannes, Staat und Kirche in Katalonien und Aragon während des Mittelalters, 1. Teil. (Spanische Forschungen der Görres-Gesellschaft, herausgeg. von K. Beyerle, H. Finke, G. Schreiber, II. Reihe, 1. Band) Münster i. W., Aschendorffsche Buchhandlung 1931, XII und 398 Seiten.

Heinrich Finke, dem großen Erforscher mittelalterlicher Kirchen- und Geistesgeschichte, dem Altmeister spanischer Geschichtforschung in Deutschland, dessen monumentale Acta Aragonensia[1]) auch so befruchtend auf die junge spanische Forschergeneration gewirkt haben, ist dieser Band gewidmet. Er steht auch noch im anderen Sinne unter dem Zeichen des Meisters, hinsichtlich des Forschungsgebietes — Aragon, Katalonien — und hinsichtlich der Methode.

[1]) Band I und II, Berlin 1908, Bd. III, Berlin 1922, der abschließende Bd. IV ist in Vorbereitung.

Die großangelegte Arbeit Vinckes[2]) eröffnet — würdig, um das gleich zu sagen — die zweite Reihe der spanischen Forschungen der Görres-Gesellschaft, die große Monographien enthalten soll, während die bereits in drei Bänden vorliegende erste Reihe unter dem Titel: „Gesammelte Aufsätze zur Geschichte und Kulturgeschichte Spaniens"[3]) jeweils eine Anzahl von kleineren Studien deutscher und spanischer Gelehrter aus den verschiedensten Gebieten der Geschichtsforschung enthält.

Das Rückgrat der Darstellung Vinckes bildet das herrliche Material des Archivs der Krone von Aragon, dessen Registerbände der Verfasser in jahrelanger Arbeit durchforscht hat, eine Mühe, die sich freilich gelohnt hat. Dieses Schöpfen unmittelbar aus den archivalischen Quellen — die Regierungstätigkeit der Könige von Aragon zeichnet sich durch eine große Schreibfreudigkeit aus — ermöglichte auch eine teilweise geradezu zu dramatischer Anschaulichkeit gesteigerte Schilderung der Vorgänge; die treibenden Interessen und Kräfte, Spieler und Gegenspieler, ihre Motive und Gegenmotive treten klar hervor. So wurde es auch möglich, über Allgemeinheiten hinauszukommen, das Einzelne mit aller Genauigkeit festzustellen und aus den Einzelheiten ein korrektes Gesamtbild zu schaffen.

Daneben ist natürlich bei Vincke auch die Literatur berücksichtigt, und zwar nicht nur die spanische, sondern auch die deutsche und sonstige ausländische; es ist ja ein unverkennbarer Vorteil, den man sich sichert, wenn man sich erst in die deutsche Problematik hinsichtlich eines Forschungsgebietes hineinlebt und damit ausgerüstet an die fremden Quellen herangeht. Das wird bei besonnener Forschung nicht dazu führen, die deutschen Probleme einfach schematisch in die fremden Quellen hineinzutragen. Aber die wichtigen Gesichtspunkte, die uns gerade auch die Wissenschaft der kirchlichen

---

[2]) Von sonstigen Beiträgen Vinckes nennen wir: Die Errichtung des Erzbistums Zaragoza, Spanische Forschungen der Görres-Gesellschaft, 1. Reihe, Bd. II (Münster 1930) S. 114 ff. — El Traslat de l'arquebisbe Joan d'Aragó de la Seu de Toledo a la de Tarragona in Analecta Sacra Tarraconensia VI (1930), S. 127 ff. — Der König von Aragon und die Ordenskapitel um 1300, ZRG.[3] XX (1931), S. 102 ff.

[3]) Bd. I, Münster 1928, Bd. II Münster 1930, Bd. III ist im Erscheinen begriffen.

Rechtsgeschichte gelehrt hat, ermöglichen doch ein Tiefergehen in der Ausschöpfung des vielgestaltigen Inhaltes der Quellen.

Die ganze Darstellung ist in einer ansprechenden einfachen Form vorgetragen, klar und übersichtlich geordnet, ein besonderer Vorzug bei der Masse von Stoff, die in dem Werke aufgehäuft erscheint.

Zeitlich knüpft der Verfasser ungefähr da an, wo Paul Kehr mit seinen Forschungen zu den spanischen Papsturkunden und mit seinen Einzeluntersuchungen zur Frühgeschichte Kataloniens und Aragons aufhörte[4]), und greift dann bis tief in das 14. Jahrhundert hinein.[5])

Den räumlichen Rahmen bilden die unter der Bezeichnung „Krone von Aragon" zusammengefaßten Länder, besonders Katalonien und Aragon, welch letzteres ja im Jahre 1137 durch Heirat an die katalanische Dynastie gekommen war. Aber der Blick geht gelegentlich doch weiter, auch hinaus auf die — im wesentlichen durch die Eroberungen Jakobs I. an Aragon angegliederten — Reiche Valencia und Mallorca, teilweise sogar nach Sardinien. Wir versuchen im folgenden zunächst einen Überblick über den Gedankengang des Vinckeschen Werkes im allgemeinen zu vermitteln, um dann auf einige Einzelfragen von besonderem rechtshistorischen Interesse einzugehen.

Man kann die engen Beziehungen zwischen Staat und Kirche in der Krone Aragon nur verstehen, wenn man sich vergegenwärtigt, welch bedeutsamen Faktor die Kirche schon allein durch ihren Besitz

---

[4]) Paul Kehr, Vorarbeiten zur Hispania Pontificia, Papsturkunden in Spanien, I. Katalanien, 1. Archivberichte, 2. Urkunden und Regesten, Berlin 1926; II. Navarra und Aragon, 1. Archivberichte, Berlin 1928 (sämtliche erschienen in den Abhandlungen der Gesellschaft der Wissenschaften zu Göttingen). — An Einzelabhandlungen sind zu nennen: (aus den Abhandlungen der preußischen Akademie der Wissenschaften) Das Papsttum und der katalanische Prinzipat bis zur Vereinigung mit Aragon, Berlin 1926; Die ältesten Papsturkunden Spaniens, Berlin 1926; Wie und wann wurde das Reich Aragon ein Lehen der römischen Kirche, Berlin 1928; Das Papsttum und die Königreiche Navarra und Aragon bis zur Mitte des 12. Jahrhunderts, Berlin 1928. — Sehr gut orientiert über den wesentlichen Inhalt dieser Arbeiten Ulla Deibel, Literaturbericht: Spanien, Portugal in Archivalische Zeitschrift, 3. Folge, Bd. V, München 1929, S. 221 ff.

[5]) Da wir im folgenden wiederholt auf verschiedene Herrscher zu sprechen kommen müssen, stellen wir hier zur Orientierung die wichtigsten Regierungszeiten zusammen: Raimund Berengar III 1096—1131, Raimund Berengar IV 1131—1162, Alfons II. (I. von Katalonien) —1196, Peter II. (I. von Katalonien) —1213, Jakob I. —1276, Peter III. —1285, Alfons III. —1291, Jakob II. 1291—1327, Alfons IV. —1336, Peter IV. —1387.

an Immobilien, an öffentlichen und privaten Rechten, wie ihn Vincke in einem ersten Kapitel (S. 1 bis 87) schildert, im Staatsleben spielen mußte. Dieser Reichtum war natürlich nicht das Ergebnis des Zufalls, entstammte nicht nur frommen Schenkungen, sondern in erster Linie den kolonisatorischen Notwendigkeiten der Reconquista. So sehen wir Bistümer und Abteien im Besitze von Burgrechten, Gerichtsbefugnissen, Steuer- und Marktrechten, Notariaten, Münz- und Mühlenrechten, — Rechten öffentlicher Natur also — nicht minder wie im Besitze von Immobilien und entsprechenden grundherrlichen Rechten.

Auch das Lehensband verknüpfte die beiden Mächte, so daß bald der König als Lehensmann der Kirche,[6]) bald die Kirche als Vasall des Königs erscheint. Und ebenso trugen auch die Adligen des Landes zahlreiche Besitzungen von der Kirche zu Lehen.[7])

Besonders in der Ansammlung der öffentlichen Rechte in der Hand der Kirche lag natürlich vom Standpunkt der Staatspolitik aus ein Gefahrmoment, schon erkannt von Jakob I., der eine beachtliche Zurückhaltung in der Dotierung der Kirchen mit solchen öffentlichen Rechten zeigte, planmäßig und mit Erfolg bekämpft von Jakob II. und seinen Nachfolgern, denen eine weitgehende Vereinigung öffentlicher Rechte in der königlichen Hand gelang. Sind so die Interessen des Königtums gekennzeichnet, so darf man natürlich nicht vergessen, daß auf der anderen Seite im Klerus das lebte, was ich in anderem Zusammenhang einmal als „Auffüllungstendenz" bezeichnet habe.[8])

---

[6]) Über Aragon als Lehen der römischen Kirche vergleiche die in Anm. 4 zitierte Abhandlung von Paul Kehr.

[7]) Zu den Seite 50ff. geschilderten Streitigkeiten um die Lehensrechte im Fürstentum Tarragona, in deren Verlauf Robert der Normanne, der Lehensmann, seinen Lehensherren, den Erzbischof Hugo von Cervelló, erschlagen hatte (1171), könnte noch einer Urkunde von 1177 Erwähnung geschehen, in welcher Alfons II. und der Erzbischof von Tarragona dem Mörder Robert sowohl für ihre Person freies Geleite zusichern, wie auch versprechen, ihm von König von Mallorca freies Geleite zu erwirken, damit er sich vor dem König von Navarra (der hier offenbar als Unbeteiligter zur Entscheidung der Sache angerufen war) rechtfertigen könne. Die Urkunde steht in Cortes de los antiguos reinos de Aragón y Valencia y Principado de Cataluña, Ausgabe der Real Academia de Historia, Bd. I (Madrid 1896), S. 62f. (fälschlich als Cortes bezeichnet.)

[8]) Hoch- und Niedergericht in der mittelalterlichen Gerichtsverfassung Bayerns (Heidelberg 1929) S. 167.

Wer im Mittelalter öffentliche Rechte in Händen hatte, suchte diese durch solche grundherrlicher Art zu ergänzen, und umgekehrt zielte auch der grundherrliche Besitz an Immobilien auf eine Ergänzung durch öffentliche Herrschaftsrechte — dies ist der große Kampf um die Landeshoheit, der in Deutschland für die Bistümer vielfach siegreich ausgegangen ist. Anders mußte der Ausgang bei der schon gekennzeichneten Politik der aragonesischen Könige in unserem Gebiete sein. Hier wußte der König all diesen Bestrebungen die Spitze abzubrechen. Sie sind nie zu vollem Erfolge gelangt. Zu gefährlich wäre ja auch in dem doch nicht allzu großen Lande dieser Präzedenzfall geworden; denn außer der Kirche lebten ja auch in den großen Magnaten die gleichen auf Landeshoheit gerichteten Bestrebungen. Ein weniger zielbewußtes Königtum hätte sich ja sonst jeder eigentlichen Herrschaft beraubt gesehen, hätte buchstäblich nichts mehr zu regieren gehabt. Und so mag Vincke wohl Recht haben, wenn er S. 83 andeutet, daß gerade angesichts dieses allgemeinen Rennens um die Landeshoheit, das Königtum sich der Gefahr bewußt werden mußte, wie denn auch die einzelnen Kräfte sich durch ihre Rivalität den Erfolg verbauten.

Ein zweites Kapitel (S. 87—253) behandelt die Abgaben des Klerus an den Staat, also die Heranziehung der reichen Kirchen und Klöster zu der Tragung der — im Reiche Aragon mit seinen großen innen- und außenpolitischen Aufgaben — immer sehr erheblichen Staatslasten. Es läßt sich hier vielleicht zusammenfassend der Satz herausstellen, daß die aragonesische Kirche, hier im Einklang mit Gedanken des kanonischen Rechts, im allgemeinen sich gerne bereit finden ließ, zu den ordentlichen Abgaben beizutragen, auch wohl ausnahmsweise im Falle wichtiger Unternehmungen (z. B. Maurenkämpfe) zu außerordentlichen Abgaben ohne allzu großen Widerstand sich verstand, aber doch einer allzu weitgehenden Anforderung außerordentlicher Abgaben sich kräftig widersetzte.

Wenn wir freilich von den starken Anforderungen des Königs an seinen Klerus lesen, dann sehen wir doch schon das Problem der späteren Säkularisation hereinragen. Wie es hier zu einem Kampfe zwischen König und Landesklerus kommen mußte, so führte die Konkurrenz von Abgaben an den Staat und Abgaben an die Kurie, von denen der gleiche Steuerträger, der Landesklerus, immer wieder in Anspruch genommen wurde, gelegentlich auch zu Auseinandersetzungen von Papst und König.

Bei der geschilderten Sachlage war die (im dritten Kapitel S. 254—346 dargestellte) Besetzung der Bistümer eine politische Kardinalfrage allerersten Ranges. Das ganze Interesse des Königs mußte darauf gerichtet sein, hier nicht nur Ausländer fernzuhalten, sondern auch auf den bischöflichen Stühlen Persönlichkeiten zu wissen, von denen man sich eine gutwillige Mitarbeit an den Aufgaben des Staates erwarten konnte. Stark eingewurzelt war ja auf diesem Gebiete der Gedanke des höheren Eigenkirchenrechts, und die gregoreanischen Reformgedanken gewannen in der Praxis nur zögernd an Boden. (Vincke S. 237.) Immerhin verzichtete der unpolitische Peter II., der freilich mit seinen Prälaten in den denkbar besten Beziehungen lebte, am Anfang des 13. Jahrhunderts auf jede Mitwirkung bei der Wahl der Bischöfe und Klosteräbte (S. 259ff., 263). Allein trotz dieses Verzichtes und trotzdem Papst Innocenz III. auf dem 4. Laterankonzil von 1215 nochmals in aller Schärfe die kanonischen Grundsätze über die absolute Freiheit der Bischofswahlen eingeschärft hatte, bedeutete eine Bistumsvakanz beinahe immer einen Gegenstand intensiver Sorge und angestrengter Tätigkeit für die aragonesischen Könige. Verhandlungen mit den Kapiteln, Verhandlungen mit dem Papst, nicht ohne Mißverständnisse und dramatische Situationen, so geht das seit Jakob I. durch die folgenden Jahrhunderte hindurch. Der König sieht eben in den Prälaten die reichsunmittelbaren Fürsten, die denn auch unter diesem Gesichtspunkt zu bestimmen sind. Dazu kommt noch das Interesse des Königs, einträgliche Bistümer mit Angehörigen seiner Familie zu besetzen — man sieht also, es fehlte nicht an Gelegenheiten zu Verwickelungen.

In dem Maße, in dem sich die Verwaltungsorganisation des Königreichs Aragon festigte, gewann natürlich auch das Problem Landesgrenze und Kirchenprovinz (Kapitel IV S. 342—398) an Bedeutung.

Die Grenze der kirchlichen Sprengel, insbesondere der Metropolitanbezirke, in Einklang mit der Einteilung des Landes zu bringen, vor allem eine jede Ingerenz eines fremden Metropolitansitzes auszuschalten, das mußte eine Hauptsorge des Königtums bilden; auch diese Fragen ziehen sich durch die Staatskirchenpolitik der Jahrhunderte hindurch, immer wieder aktuell durch die ständige Erweiterung des Staatsgebietes infolge der Maurenkämpfe und die wechselnde Stellungnahme zu Kastilien, dessen toledanischer Sitz den Primat über ganz Spanien beanspruchte.[9])

Bereits in römischer und westgotischer Zeit hatte ja eine Kirchenprovinz Tarragona bestanden, die aber infolge des Maurenansturms vollständig zusammengebrochen war, weshalb die katalanischen Bistümer Barcelona, Vich, Urgel, Gerona in den ersten Jahrhunderten der Reconquista Narbonne unterstanden. Bereits im 10. Jahrhundert war ein erster Versuch, hauptsächlich getragen von Graf Borell von Barcelona, gemacht worden, die alten Kirchenprovinzen wieder herzustellen; er war ohne Erfolg geblieben. Ende des 11. Jahrhunderts kam die Frage wieder ins Rollen, aber es bedurfte des politischen Aufstiegs der Katalanen unter Ramon Berengar III. und einer Persönlichkeit wie des reformeifrigen, später heilig gesprochenen Bischofs Olegar,[10]) der dem Papste nicht minder nahestand, wie dem katalanischen Grafenhause, um die alte Kirchenprovinz Tarragona wiederherzustellen. Am Anfang des 14. Jahrhunderts wurde dann die neue Metropole Zaragoza errichtet, was wieder wegen der Unterordnung der verschiedenen Suffragane und wegen der Angleichung der Diözesen an die Landesgrenzen eine Reihe von Fragen mit sich brachte. Es ist nicht zu verkennen, daß der große Politiker Jakob II. mit seinen Wünschen hier weitgehenden Erfolg zu buchen hatte. Hinsichtlich der weiteren Politik der Bistums- und Landesgrenzen geht dann der Verfasser über die allgemeinen zeitlichen und räumlichen Grenzen seine Arbeit hinaus, so daß man in den Grundzügen ein Bild von dem Stand dieser Fragen und ihrer Lösungen in ganz Spanien bis unserer Zeit bekommt.

---

[9]) Was für eigentümliche Gegensätze hier entstehen konnten zeigt das Beispiel des später nach Tarragona versetzten Toledaner Erzbischofs Johann (1319—1328), des Sohnes von König Jakob II., der, selbst von Geburt Aragonese, als Metropolit von Toledo ebenso entschieden seine Primatialansprüche gegenüber Tarragona zu wahren versuchte — ohne Erfolg übrigens — wie seine kastilischen Vorgänger. Der Streit um den Primat ist übrigens heute noch nicht ausgetragen.

[10]) Vgl. über ihn S. 48f und 367; über die Rolle, die dieser bedeutende Mann in der Geschichte der katalanischen Gottes- und Landfrieden spielte, gedenke ich demnächst an anderer Stelle zu handeln.

Diese knappen Umrisse möchten wenigstens angedeutet haben, wieviel dem Werke Winckes für die innere Geschichte Aragons, aber auch für die Geschichte des europäischen Staatskirchenrechts überhaupt entnommen werden kann. Doch auch der Historiker des profanen und kirchlichen Rechts kommt auf seine Rechnung; es sei gestattet, einige der Probleme, die uns hier besonders berücksichtigenswert erscheinen, herauszugreifen.

Wenn Vincke unter dem Besitz der Kirche an öffentlichen Rechten in erster Linie die Burgen erwähnt, so ist damit ein Thema von großer Bedeutung angeschnitten. Denn diese Burgen, die heute nur noch durch ihre malerischen Reize unser Auge entzücken, spielen in der Verfassungsgeschichte Kataloniens und Aragons eine große Rolle, sie sind mehr als bloße Befestigungsanlagen, sie sind Mittelpunkte eines grundherrlichen, meist mehrere Pfarreien umfassenden Jurisdiktionsbezirkes[11]). Die Errichtung von Burgen war, wie sich aus den Usatici Rochas namque (74) und Ex magnatibus vero (89) ergibt, königliches Regal;[12]) niemand durfte ohne Genehmigung des Grafen von Barcelona, später Königs von Aragon, Burgen errichten. Die Kastelle spielen dann auch in der reichen katalanischen Gottes- und Landfriedensgesetzgebung eine große Rolle; charakteristisch ist z. B. die mehrfach begegnende Vorschrift, daß die ecclesiae castellatae ebensowenig, wie die bewaffneten Geistlichen des Friedensschutzes genießen. Es ist auch gewiß kein Zufall, daß von den Siete Partidas, dem großen 1256—1265 geschaffenen Gesetzgebungswerk Alfons X. von Kastilien gerade das Burgenkapital (Part. II, Titel 18) unter dem Namen Consuetudo Ispaniae Eingang fand in Katalonien, das sich doch sonst gegen jeden Einfluß fremder Rechte ablehnend verhielt.[13])

---

[11]) Eduardo de Hinojosa, El régimen señorial y la cuestión agraria en Cataluña durante la Edad Media, (Madrid 1905) S. 102; vgl. auch Ballesteros y Beretta, Historia de España y su influencia en la historia universal, III (Barcelona 1922) S. 509.

[12]) Die im Text gewählte Zählung ist die der Ausgabe in Band I der Cortes; diese Artikel entsprechen den Artikeln 73 und 93 nach der Zählung in der Ausgabe von Ramón d'Abadals i Vinyals i Ferran Valls Taberner (Barcelona 1913), der neuerdings mit Recht der Vorzug gegeben wird.

[13]) D'Abadals i Vinyals, Les „Partidas" a Catalunya, Estudis Universitaris Catalans VI (Barcelona 1912), S. 13ff. und 159ff., VII (1913) S. 118ff.; an letztgenannter Stelle S. 128ff. auch der Text der katalanischen Über-

Die Burgenleute waren ihren Herren zu den verschiedensten Diensten und Abgaben verpflichtet, besonders zu Wachtdiensten, zur Heerfolge, auch zur Verbrecherverfolgung beim sonus emissus (someten)[14]). Die mit dem Kastell verbundenen Jurisdiktionsrechte waren an sich niedergerichtlicher Art, konnten aber kraft königlichen Privilegs auch anders umschrieben werden.[15])

Hinojosa glaubt im allgemeinen sagen zu dürfen: „Era el castillo símbolo y principal asiento de la tiranía señorial[16]). Jedenfalls begreift man, wie begehrenswert der Besitz der Burgen sein mußte.[17])

Nicht selten stehen den Burgherren auch Zwangs- und Bannrechte zu. So erscheint besonders der Mühlen-, Backofen- und Marktzwang in diesem Zusammenhange; teilweise versuchte man sogar ein Fleischmonopol einzurichten.[18]) Der Geschichte dieser sicherlich alten Zwangs- und Bannrechte nachzugehen wäre gewiß bei der Fülle der hierfür in Spanien vorhandenen Quellen (vgl. z. B. die ausführlichen Sätze im Fuero von Teruel, Art. 290 und 294/295) eine sehr lohnende Aufgabe.[19]) Vincke hat hier manches Material beigebracht, vgl. S. 8, 25, 43ff., 117.

---

setzung des Burgentitels der Partidas. — Dieser Consuetudo Ispanie stand im Burgenrecht die alte Consuetudo Cathaloniae gegenüber.

[14]) Es handelt sich hier um ein besonderes, offenbar aus dem Handhaftverfahren erwachsenes Verfolgungsrecht gegen landesschädliche Leute; der katalanische Jurist Jaime Caillis (erste Hälfte des 15. Jahrh.) berichtet darüber in seinem Elucidarium soni emissi.

[15]) Hinojosa l. c. S. 118.

[16]) Ebenda S. 119.

[17]) Diese Burgenbezirke weisen starke Ähnlichkeit auf mit der sogenannten Dorfobrigkeit in Niederösterreich (vgl. darüber Paul Oßwald, Die Gerichtsbefugnisse der patromonialen Gewalten in Niederösterreich, Leipzig 1907, und Alfons Dopsch, Zur Geschichte der patrimonialen Gewalten in Niederösterreich, MJÖG. 29, 1908, S. 596ff.) und mit den bayrischen Hofmarken (vgl. darüber mein Hoch- und Niedergericht usw. 160ff., wo auch die ältere Literatur zusammengestellt ist). Auch in diesen deutschen Institutionen haben wir die charakteristische Erscheinung, daß sich um einen Herrensitz ein Jurisdiktionsbezirk bildet.

[18]) Hinojosa l. c. S. 114f.

[19]) Wir kennen bisher nur zwei Monographien über diese Gegenstände: A. Coy y Cotonat, El derecho llamado furnatico en el siglo XIII, I. Congreso de Historia de la Corona de Aragón (Barcelona 1909) Bd. I S. 190ff. und N. Primitiu Gomeç, Contribució al estudi de la molineria valenciana mijeval, III. Congreso de Historia de la Corona de Aragón (Valencia 1923) Bd. II S. 695ff.

Eine weitere Fülle von Problemen wird mit der Frage des merum et mixtum imperium angeschnitten. Es ist das Problem von Hoch- und Niedergericht. Allein schon in der Bezeichnung dieser Dinge — eine der deutschen Terminologie Hoch- und Niedergericht entsprechende findet sich in den spanischen Quellen kaum[20]) — prägt sich eine ganz andere Auffassung aus. Die Frage ist gestellt nach dem imperium, also nicht bloß nach der Gerichtsbarkeit, sondern nach einer ganzen Fülle von gerichtlicher und administrativer Gewalt.

Das merum imperium scheint eigentlich die Fülle der Landeshoheit zu bedeuten, die nicht ausschloß, daß ein Sektor von begrenzten Rechten, das sogenannte mixtum imperium[21]) in den Händen einer anderen Person lag.[22]) Unter merum et mixtum imperium verstand man offenbar die Vereinigung aller Gewalten, der hoch- und niedergerichtlichen, sowie der administrativen in einer Hand.[23]) Auch in Aragon bildet aber offenbar die Gerichtsbarkeit das eigentliche Rückgrat jeder Hoheitsgewalt. Neben der besprochenen Terminologie findet sich auch die Unterscheidung von jurisdictio civilis und criminalis. Dabei zeigt sich, wenn man die Urkunden nachprüft, daß für die Kompetenzabgrenzung immer die Strafgerichtsbarkeit und nicht die Zivilgerichtsbarkeit das Entscheidende ist. An sich stand der König von Aragon auf dem Standpunkt, daß ihm und seinen Beamten

---

[20]) Ein anderer Sprachgebrauch ist hier noch zu erwähnen: Louis Tollhausen erwähnt s. v. horca in seinem spanisch-deutschen Wörterbuch, 5. Aufl. (Leipzig 1908) Bd. 1, daß señor de horca y cuchillo einen Gutsherrn mit Hoch- und Niedergerichtsbarkeit bedeutet; dabei ist natürlich der Galgen das Symbol für das Recht zur Verhängung der Todesstrafe, das Messer Symbol für die Verstümmelungsstrafe.

[21]) Der zugrunde liegende Gedanke ist wohl der, daß man dieses imperium mit einem anderen zu teilen habe.

[22]) Auch in Spanien ist gerade die Immunitätsverleihung der Ausgangspunkt für diese abgestufte Gerichtsbarkeit geworden (vgl. Vincke S. 21 ff.).

[23]) Freilich ist zu betonen, daß die Terminologie die Unterschiede nicht immer klar erkennen läßt. Das hängt zusammen mit der Verschiedenheit der Entwicklung in Spanien einesteils, in Deutschland und Frankreich anderteils; hier hatte die karolingische Gerichtsorganisation bereits die Grundlagen für eine Abstufung von Hoch- und Niedergericht gelegt. Aus diesem älteren Hochgerichtsbegriff der früheren Zeit hat sich dann unter dem Einflusse der Landfriedensbewegung in Deutschland jedenfalls ein neuer Hochgerichtsbegriff, der des Blutgerichtes herausgebildet, wie besonders Hans Hirsch, Die hohe Gerichtsbarkeit im deutschen Mittelalter (Prag 1922) gezeigt hat.

prinzipiell alle Korporaljustiz zustehe.[24]) Vor allem wachten die Könige darüber, daß niemand außer ihren Beamten Todesurteile ausspreche und vollstrecke.[25]) Das Gebiet der ebenfalls peinlichen Verstümmelungsstrafen konnte aber auch in anderen Händen liegen, also dem mixtum imperium zugeteilt sein (vgl. Vincke S. 25). Freilich fanden sich ja auch große Prälaten, wie z. B. der Erzbischof von Tarragona im Besitze des merum et mixtum imperium. (Vincke S. 23)[26])

Die Landfriedensbewegung mit der zunehmenden Kriminalisierung des Strafrechts ist übrigens doch auch in Aragon von Einfluß gewesen. Man wird zwar nicht von der Bildung eines neuen Hochgerichtsbegriffes sprechen können, dazu sind die Fragen selbst am Ende des 13. Jahrhunderts noch zu ungeklärt. Wenn wir aber sehen, daß infolge der Landfriedensgesetzgebung immer mehr Verbrechen, die früher im Wege der Privatrache oder durch Wergeld erledigt worden waren, nunmehr peinlich geahndet werden,[27]) so kam das faktisch, zumal auch das Anwendungsgebiet der Todesstrafe sich ständig erweiterte, auch dem Inhaber des merum imperium, in den weitaus meisten Fällen also dem Könige zugute.

Die oben gekennzeichnete Tendenz der Könige, dem Adel und den Prälaten den Weg zur Landeshoheit zu versperren, prägt sich so vor allem auch in der Handhabung des merum et mixtum imperium

[24]) Dagegen wurde es nicht als Eingriff in die königliche Korporaljustiz empfunden, wenn der Adel seine Gefangenen im Kerker durch Hunger, Durst und Kälte umkommen ließ, vgl. Ludwig Klüpfel, Verwaltungsgeschichte des Königreichs Aragon zu Ende des 13. Jahrhunderts (Berlin 1914) S. 126. Auch sonst mußte sich das Prinzip des königlichen Alleinrechts auf Korporaljustiz in der Praxis manche Durchbrechungen gefallen lassen.

[25]) So erscheinen mehrfach in Fällen, wo die Zivil- und Strafgerichtsbarkeit vom König verliehen wird, die todeswürdigen Verbrechen ausdrücklich ausgenommen (Vincke S. 25). Ein andermal findet sich die Form: dem König sollten verbleiben jene Fälle „quae inducunt mortem civilem et naturalem ac membri abscissionem". Unter mors civilis ist dabei natürlich die in Aragon wegen ihres entehrenden Charakters besonders gefürchtete Strafe der Infamie zu verstehen. (Vgl. Klüpfel, Verwaltungsgeschichte, S. 120).

[26]) Über hochgerichtliche Befugnisse der Kirchen im übrigen Spanien, vgl. auch Ernst Mayer, Historia de las institutiones sociales y políticas de España y Portugal durante los siglos V a XIV (Madrid 1925/26) Bd. II S. 215 f.

[27]) Statt vieler erwähnen wir nur Hinojosa, El elemento germánico en el derecho español (Madrid 1915) S. 67 ff. und Klüpfel, Verwaltungsgeschichte S. 119.

aus. Dabei spielte natürlich das Interesse an den Strafgefällen eine wichtige Rolle. Lediglich erwähnt sei hier, daß in Katalonien die königlichen Beamten, der Vikar oder der Bajul mit dem jeweils zuständigen Bischof sich in die Strafgelder aus Landfriedenssachen zu teilen hatten. Dieser eigentümliche Rechtszustand, der noch über das 13. Jahrhundert hinaus Spuren hinterlassen hat — man vgl. die Regelung, die Jakob II. 1302 mit dem Bischof von Gerona hiewegen[28]) traf — erklärt sich daraus, daß in Katalonien beinahe unmerklich sich der Übergang aus den Gottesfriedenssatzungen in die ebenfalls als pax et treuga bezeichneten Landfriedensgesetze vollzogen hatte. Vielleicht lassen sich besonders in Katalonien manche Jurisdiktionsbefugnisse der Bischöfe doch auch aus dieser Mitarbeit an den Landfrieden erklären.[29])

Wie sehr die Bischöfe als berufene Wahrer des inneren Friedens angesehen wurden, zeigt sich auch, wenn noch 1309, als Jakob II. gegen das Reich Granada zu Felde zieht, Bischof Pontius von Lerida und Bischof Ximenes de Luna von Zaragoza zu Landfriedenshütern bestellt werden. (Vincke S. 177.)

Auch der Abschnitt über die Rechte des Klerus auf Abgaben verschiedener Art und anderseits über die Abgaben des Klerus an den König bietet dem Rechtshistoriker viel Interessantes. Immer noch fehlt uns leider die so notwendige Geschichte der Abgaben öffentlichrechtlicher und privatrechtlicher Natur in Spanien.[30]) Nur Hinojosa hat in seinem mehrfach erwähnten Régimen señorial und in seinem Aufsatz La pagesía de remensa (Estudios de historia del derecho español, Madrid 1903, S. 115ff.) hier bedeutsame Vorarbeit geleistet. Über die von Vincke S. 27 er-

---

[28]) España Sagrada, Bd. 44, App. XXV, S. 301ff., vgl. auch S. 41f.

[29]) In den Zusammenhang der Landfrieden ist es auch einzustellen, wenn im Privileg Jakobs I. für den Markt Sena 1256 (der dem Kloster Sixena gehörte) „homicidae, incartati" (darüber Hinojosa, Eleménto germánico S. 70) und „proditores manifesti" von Marktfrieden ausgeschlossen erscheinen. (Vincke S. 33). Die hier aus dem Marktfrieden gestellten Leute sind Landschädlinge, „homines nocivi", die in Spanien ebenso wie anderswo außerhalb des Landfriedens stehen.

[30]) Ballesteros y Beretta, Historia de España II (1920) III (1922) hat sich immerhin Verdienste dadurch erworben, daß er jeweils in den Abschnitten Las clases sociales und Régimen económico die wichtigsten Formen dieser Abgaben zusammengestellt hat.

wähnten berüchtigten malos usos handelt außer Hinojosa neuerdings W. Piskorski, El problema de la significación y del origen de los seis malos usos en Cataluña (Barcelona 1929).

Ein interessanter Gegenstand sind auch die königlichen cenae (Vincke S. 92), hinsichtlich deren die Cortes in Aragon und in Kastilien wiederholt Einschränkung verlangten. Wir wollen hier nur auf die wenig bekannte Studie: „Vom Mittagsbrot spanischer Könige" von Carolina Michaelis de Vasconcellos in ihren „Randglossen zum altportugiesischen Liederbuch" hinweisen.[31]) Die Verfasserin zeigt, daß der Spott besonders auch über die in absentia erhobenen Gastungsabgaben[32]) auch in der Poesie Widerhall fand.

Sehr interessante Einblicke erhält man aus Vincke auch in das Feudalsystem der aragonesischen Länder. Wir können hier diesen Punkt nicht weiter verfolgen, müssen aber noch auf den starken Eindruck hinweisen, den man aus Vinckes Darstellung von einem Zentralproblem der kirchlichen Rechtsgeschichte, vom höheren und niederen Eigenkirchenwesen, bekommt.[33])

Vincke erwähnt S. 258 den Verzicht Ramon Berengars IV auf das Spolienrecht der Kirche von Barcelona 1137, dem 1150 ein ähnlicher Verzicht hinsichtlich aller Bischofskirchen seines Landes nachfolgte. Schon vorher im März 1131 hatte aber Ramon Berengar III. auf den Cortes von Barcelona im Anschluß an Landfriedensbestimmungen seinen Verzicht auf niedere Eigenkirchenrechte in sehr allgemeiner Form ausgesprochen.[34]) Wir dürfen wohl annehmen, daß hier Olegar, der dem Konzil von Clermont 1130 beigewohnt hatte, wo auch scharfe Sätze gegen das Eigenkirchenrecht geprägt

---

[31]) Zeitschrift für romanische Philologie, Band 25 (Halle 1901) S. 149ff. Daß die cena auch in absentia verlangt wurde, wenn persönlich nicht Gebrauch von ihr gemacht wurde, erwähnt auch Vincke S. 92.

[33]) Wir stellen hier die wichtigste Literatur zum Eigenkirchenwesen Spaniens zusammen: Ulrich Stutz, Geschichte des kirchlichen Benifizialwesens Bd. I (Berlin 1894) S. 95 ff.; Manuel Torres, La doctrina de las iglesias propias en los autores españoles, Anuario de historia del derecho español II (1925) S. 402ff.; Derselbe, El origen del sistema de las iglesias propias, ebenda Bd. V (1928) S. 83ff.; Ramón Bidagor, La iglesia propia medieval en España, Razon y Fe vom 25. März 1930, S. 481ff., Derselbe, Dos concepciones sobre la iglesia propia, Razon y Fe vom 25. Januar 1931, S. 97ff.; Anton Eitel, Die spanische Kirche in vorgermanischer Zeit in Finke-Festschrift (Münster 1925) S. 1ff.

[34]) Cortes I, S. 51.

worden waren,[35]) mit seinem mächtigen Einflusse hinter diesem Verzichte stand.

An großzügigen Verzichten auf das Eigenkirchenrecht war ja überhaupt die Zeit nicht arm. 1050 war auf der leonesischen Reichsversammlung von Coyanza in Anwesenheit des Königs Ferdinand ausgesprochen worden, daß kein Laie fürderhin mehr Rechte an Kirchen oder ihren Dienern haben sollte[36]) und auf der Reichsversammlung von Leon 1208 verbot König Alfons IX., daß irgend jemand Hand anlege an dem Nachlaß eines verstorbenen Bischofs; unangetastet solle dieser der Kirche erhalten bleiben.[37])

Das waren schöne Worte. Wie die Praxis aussah, dafür einige Beispiele. Der Verzicht von 1131 hinderte Ramon Berengar III. nicht in seinem im Juli des gleichen Jahres errichteten Testamente über die Bistümer seines Gebietes zu verfügen, wie wenn sie sein Eigentum wären.[38]) Wie es mit der Praxis der freien Bischofswahlen aussah, habe ich schon oben angedeutet.

Nicht besser stand es trotz der frommen Beschlüsse von Coyanza in Leon. Als König Sancho von Leon 1068 das Bistum Oca wieder aufzurichten gedachte, stattete er es unter anderem mit einer Reihe von Kirchen und Klöstern aus, die er bis dahin offenbar als sein Eigentum betrachtet hatte.[39]) Über das Eigenkirchenrecht des 12. Jahrhunderts in Leon und Kastilien bringt Eitel einige charakteristische Beispiele.[40])

Stark und tief verwurzelt war das Eigenkirchenrecht in Spanien; es wird noch langer Arbeit bedürfen, um es in seiner ganzen Aus-

[35]) Vgl. die von Fita im Boletin de la Real Academia de Historia IV (Madrid 1884) S. 361 ff. gegebene Zusammenstellung der Konzilsakten von Clermont aus einem Barceloneser Codex. (Cap. VI: Laien müssen unter Strafe der Exkommunikation Kirchen, die sie besitzen, den Bischöfen zurückgeben; cap. VII: Nur Priester dürfen — bei Strafe des Amtsverlustes, wenn dies nicht eingehalten wird — zu Archidiakonen, Diakonen, Dekanen oder prepositi ordiniert werden; cap. XI: Kirchenbesitz irgendwelcher Art darf nie im Erbwege übergehen.)

[36]) Cortes de los antiguos reinos de León y Castilla (Ausgabe der Real Academia (Madrid 1861) Bd. I, S. 22.

[37]) Ebenda S. 47.

[38]) Vgl. die bei Prospero de Bofarull y Mascaró, Los condes de Barcelona vindicados Bd. II (Barcelona 1836) S. 180 wiedergegebene Stelle aus dem Testament von 1131; das frühere Testament von 1121 ist abgedruckt S. 171 ff.

[39]) España Sagrada Bd. 26, Anhang V, S. 450 ff.

[40]) Eitel a. a. O. S. 3.

wirkung richtig zu erkennen. Jedenfalls sind Studien wie die Vinckes von größtem Werte auch für diese Arbeit, die künftig einmal geleistet werden muß.

Dr. Eugen Wohlhaupter.

Romanistische Beiträge zur Rechtsgeschichte, 3. Heft:
4. Thomas Diplovatatius, De claris iuris consultis, 1. Band, herausgegeben von H. Kantorowicz und F. Schulz. Berlin und Leipzig 1919, Vereinigung wissenschaftl. Verleger. XXIV und 384 Seiten sowie 4 Tafeln.

Kantorowicz und Schulz bezeichnen das von ihnen herausgegebene Werk des Diplovatatius mit Recht als das Grundbuch der juristischen Literaturgeschichte. Bisher lagen nur Bruchstücke davon in — meist nicht einwandfreiem — Druck vor. Deshalb verdienen die Herausgeber lebhaften Dank dafür, daß sie — mit Unterstützung mehrerer gelehrter Körperschaften — eine den Ansprüchen der Wissenschaft genügende Gesamtausgabe nebst lebens- und literaturgeschichtlicher Einleitung herzustellen unternommen haben. Die Ausgabe ist auf zwei Bände berechnet.[1]) Der erste Band enthält als Einleitung die Lebensgeschichte des Diplovatatius (S. 1—92). In einem Anhang werden deren Quellen behandelt (S. 93—105), in einem zweiten Anhang die Überlieferung der Schriften des Diplovatatius und die Grundsätze der vorliegenden Ausgabe dargestellt (S. 106—142). Es folgen: die Edition der Viten von Gesetzgebern und Rechtsgelehrten des Altertums (S. 145—375), 2 ausführliche Register, eine Lichtdrucktafel aus dem von Diplovatatius eigenhändig geschriebenen Chronicon Pisauri nebst Entzifferung durch Kantorowicz, und zwei Lichtdrucktafeln

[1]) Ganz neuerdings teilt Kantorowicz (Festschrift für Pappenheim, 1931, S. 53 Anm. 2) mit, daß „Band II und III im Ms. nahezu beendet" vorliegen. Danach haben die Herausgeber das, was sie bei der Abfassung von Bd. I dem zweiten Band zuweisen wollten, nachträglich wiederum auf zwei Bände (II und III) verteilt. Der Rezensent erfuhr das erst während der Korrektur. Soweit im folgenden von dem 2. Band die Rede ist, sind die Ausführungen entsprechend zu berichtigen. Der Beitrag von Kantorowicz zur Pappenheim-Festschrift, „Praestantia Doctorum" betitelt, ist sachlich eine Ergänzung der Einleitung zu Band I, nämlich ein Versuch, Plan und Zusammenhang des „Tractatus de prestantia doctorum" von Diplovatatius zu rekonstruieren.

aus der Pesaraner Handschrift des Liber de claris iuris consultis.

Der zweite Band soll den literaturgeschichtlichen Teil der Einleitung und den Schlußteil der Edition, nämlich die Viten der mittelalterlichen und neueren Juristen — bis zum Beginn des 16. Jahrhunderts — bringen.

Den größeren und entsagungsvolleren Teil der Arbeit hat Schulz geleistet: er hat die ganze Ausgabe besorgt. Kantorowicz hat den Plan des Unternehmens aufgestellt, sodann, zusammen mit Eugen Rosenstock, die in Pesaro befindliche Handschrift des Werkes durchverglichen, die Grundsätze der Ausgabe entworfen und die Einleitung samt den Anhängen verfaßt. Schulz und Kantorowicz haben sich wechselseitig bei Durcharbeitung der Druckbögen unterstützt.

I. Die Einleitung zu Band I und ihre Anhänge.

1. Das Leben des Diplovatatius. Dem Rezensenten sei gestattet, den Inhalt der Biographie in engstem Anschluß an Kantorowicz, aber in gedrängter Kürze wiederzugeben. Es ist ein in mancher Beziehung merkwürdiger Lebenslauf, den Kantorowicz hier schildert.

Der Stifter der juristischen Literaturgeschichte stammt aus einer in Morea begütert gewesenen byzantinischen Patrizierfamilie. Er behauptet, die Diplovatazier seien „nicht verschieden" von dem byzantinischen Kaisergeschlecht der Vatazier, und er sei ein Nachkomme des Kaisers Johannes Vatatzes (1222—1254). Diese Abstammung ist nicht erweislich. Aber der Rezensent möchte sie nicht so sicher für eine bloße Fabel halten wie Kantorowicz.[1a]) Es gibt doch zu denken, daß keiner von den Zeitgenossen an der kaiserlichen Abstammung des Diplovatatius gezweifelt hat, insbesondere kein einziges von den vielen anderen Mitgliedern des byzantinischen Hochadels, die nach dem Fall Konstantinopels eine neue Heimat in Italien gefunden hatten und mit Diplovatatius in Berührung kamen. In Anbetracht der alten und starren Zivilisation von Byzanz ist es schwer verständlich, daß niemand von ihnen über die Familien-

[1a]) Giannino Ferrari (Byzantinisch-Neugriech. Jahrbücher II S. 196 f.) folgt ohne Bedenken der Ansicht von Kantorowicz.

geschichte ihres Standesgenossen Bescheid gewußt haben sollte. Man darf da wohl nicht nach gleichzeitigen westeuropäischen Verhältnissen urteilen. Dazu kommt die Seltenheit des Namens, dessen Ableitung aus dem Namen Vatatzes durch Ducange (Heirat zwischen zwei Trägern dieses Namens) sich nach Meinung des Rezensenten doch nicht ausschließen läßt, wenngleich auch die Deutung als „Doppelschreiter" (vgl. ἀκροβάτης = Zehengänger) möglich ist.

Georg Diplovatatius, der Vater unseres Thomas, ging nach dem Fall von Konstantinopel und dem Verlust seines Lehens auf Lemnos nach Italien. In Neapel heiratete er Maria Laskaris, eine Verwandte des großen Humanisten Konstantin Laskaris, auch aus angeblich kaiserlichem Geschlecht. Ihr siebentes, 1468 in Korfu geborenes Kind war Thomas. Georg ist nach unruhigem Wanderleben schließlich in spanische Dienste getreten und soll bei der Belagerung von Granada gefallen sein. Thomas war mit seiner Mutter und mit seinen Geschwistern in Neapel geblieben. Er war ein frühreifes Wunderkind. In Neapel beendigte er das Trivium und ging als Zwölfjähriger nach Salerno. Antonello da San Severino, der Fürst von Salerno, bestimmte ihn zum Juristen. So hörte Thomas in Salerno juristische Vorlesungen, übrigens bei unbedeutenden und fast unbekannten Lehrern; 1483 kehrte er zum Rechtsstudium nach Neapel zurück. Bald darauf siedelte die Familie nach Venedig über, wodurch sich als nächste Universitätsstadt für Thomas das damals hochberühmte Padua ergab. Dort hörte er u. a. bei Jason de Mayno. Im Jahre 1489 las er als älterer Scholar selber über die Institutionen. Da berief die Regentin des der päpstlichen Lehnsherrlichkeit unterstehenden Pesaro, Camilla d'Aragon, die Witwe des Costanzo Sforza und Stiefmutter des Giovanni Sforza, Maria Laskaris und deren Kinder an ihren Hof. Thomas war als Richter in Berufungs- und Steuersachen in Aussicht genommen, wurde aber, angeblich wegen seines allzu jugendlichen Aussehens, zunächst auf die Universität nach Perugia geschickt. Dort hörte er 1489 und 1490 Vorlesungen und hielt selber Disputationen sowie Repetitionen ab. Dann kehrte er nach Pesaro zurück, wo inzwischen der junge Giovanni Sforza selber die Regierung übernommen hatte, errang 1490 in Ferrara den Grad eines doctor legum und erhielt in Pesaro das Richteramt in Berufungs- und Steuersachen. 1492 wurde er Fiskal der fürstlichen Kammer und behielt dieses wichtige Amt bis 1507. Eine von Giovanni Sforza i. J. 1493 erlassene Hofrangordnung, in der die Ritter den Vortritt vor den Doctoren hatten, mag, wie man schon längst vermutet hat, der Anlaß zu dem Werk des Diplovatatius de prestantia doctorum gewesen sein,[2]) dessen allein erhaltenes 9. Buch eben die Schrift de claris iuris consultis ist. 1494 heiratete Diplovatatius die reiche adelige Adoptivtochter Caterina della Corte des Florentiners Francesco Becci, der in Pesaro fürstlicher Haushofmeister war. Die kinderlose Ehe endigte 1510 durch den Tod Caterinas. Diplovatatius beerbte seine Frau und kurz darauf auch seinen Schwiegervater.

Die Ehe Giovanni Sforzas mit Lucrezia Borgia hatte der päpstliche Schwiegervater 1497 trennen lassen. Der Ehetrennung folgten 1498 der Bann gegen Giovanni und seine Absetzung. 1500 zog Cesare Borgia, der Sohn des Papstes, in Pesaro ein und wurde 1501 mit dem heimgefallenen Lehen belehnt. Dieser Regierungswechsel schadete dem Diplovatatius keineswegs: er wurde Fiskal der gesamten Staaten des Cesare. Er hatte es, wie Kantorowicz meint, seinem Takt und seiner unpolitischen Sachlichkeit zu verdanken, daß er derartige gefährliche Situationen mehr als einmal ohne Schaden überstand. Der jeweilige Machthaber im Staat konnte auf den rechtlichen und gründlichen Mann zählen, ohne eine Gefahr von ihm fürchten zu müssen. Diplovatatius hielt wie die Heutigen die Legitimität nicht für ein Essentiale der Staatsgewalt. Uns drängt sich ein Vergleich auf, der Kantorowicz im Jahre 1918 noch nicht so handgreiflich zu Gebote stand: der Vergleich mit dem heutigen unpolitischen Fachbeamten, der seinen Dienst unverdrossen bald unter dieser, bald unter jener Regierung tut.[3])

[2]) Joachimsen (Hist. Z. 127 S. 139) will diese Vermutung „durch eine leichte, aber notwendige Konjektur in den Einleitungssätzen des liber de claris juris consultis stützen." Er will (S. 145 Z. 8 der Edition) zwischen „insignem" und „amplissima" einschieben: „amplexus". Der Rezensent sieht diese Konjektur als geistreich, aber nicht notwendig an. Kantorowicz selber lehnt sie am oben S. 28 Anm. 1 angeführten Ort (S. 66 Anm. 2) gleichfalls ab.

[3]) Joachimsen, a. a. O. S. 138f., hält die erfolgreiche Beamtentätigkeit des Diplovatatius unter den verschiedensten Tyrannen für durchaus nichts

Als nach dem Tode Alexanders VI. Cesare gestürzt wurde und Giovanni Sforza wieder in Pesaro erschien — 1504 erhielt er es von Julius II. ganz formell wieder als Lehen —, da konnte Diplovatatius wie einst als Fiskal tätig sein, bis er 1507 aus dem fürstlichen Dienste ausschied. Die Gründe des Rücktritts sind unklar. Er arbeitete nunmehr in der städtischen Verwaltung von Pesaro und heiratete 1511 Apollonia degli Angeli, die Tochter eines als hochangesehener Arzt in Venedig lebenden Bürgers von Pesaro, der vermutlich dem vornehmen griechischen Geschlecht der Angeli angehörte. Um diese Zeit bricht er die Arbeit an der unvollendeten prestantia doctorum ab, um sie nicht wieder aufzunehmen.

1510 war Giovanni Sforza gestorben, sein kleiner Sohn Costanzo, für den sein Oheim Galeazzo regierte, starb 1512, und Pesaro trat unter die, von einem Statthalter ausgeübte, unmittelbare Herrschaft des Heiligen Stuhles.

Diplovatatius war inzwischen in den Engeren Rat der Stadt gewählt worden; die Sitzungsberichte, in denen sein Name jetzt regelmäßig wiederkehrt, haben sich erhalten. Er legte sich eine große, meist aus Handschriften bestehende Bibliothek zu und begann auch eine — unvollendet gebliebene — Chronik von Pesaro.

Francesco Maria delle Rovere, Herzog von Urbino, der große Feldherr und Staatsmann, wurde 1513 von Julius II. mit Pesaro belehnt. In diesem Jahre erscheint Diplovatatius als herzoglicher Statthalter von Gubbio, wo er alte Handschriften, namentlich Schriften des Bartolus, teils aufkauft, teils zum Geschenk erhält. 1514 ist er abermals in Pesaro, sein erstes Kind, eine Tochter, wird geboren. Er tritt wieder im Engeren Rat der Stadt auf, ist aber auch für den Herzog tätig, sei es als Fiskal, sei es als Mitglied des Staatsrats.[4])

Im übrigen wird er mit einer Umarbeitung des Stadtrechts beauftragt, die er nach jahrzehntelanger Arbeit unvollendet hinterläßt.

Ungewöhnliches und erklärt ihn sogar für den „Typus des Beamten des neuen Renaissancestaats".

[4]) So Olivieri. Kantorowicz meint (S. 50), Olivieri hätte dies nur aus einem abgeschriebenen Urkundenauszug entnommen, der in Wahrheit nicht den Staatsrat, sondern das Fiskalamt betreffe. Aber nach Olivieri soll Diplovatatius am 8. August 1515 Staatsratsmitglied geworden sein, während der Urkundenauszug seine Ernennung zum „Consigliere dell' udienza ducale" auf den 1. August verlegt. Könnte also Olivieri nicht vielleicht doch noch anderes Material besessen haben?

Der neue Medicäerpapst Leo X. will Pesaro seinem Nepoten Lorenzo de' Medici verschaffen. Er setzt Francesco Maria ab, der gebannte Rovere muß 1516 vor Lorenzo aus Pesaro fliehen. Die städtischen Körperschaften beschließen unter Mitwirkung des Diplovatatius selber, den Papst um Einsetzung Lorenzos als päpstlichen Vikars zu bitten. 1517 verläßt Diplovatatius aber Pesaro. Er siedelt nach Venedig über, das er schon 1516 kurz aufgesucht hatte. Der Grund ist wohl in den dauernden Kämpfen um Pesaro zu suchen; solche Unruhe war ihm ein Greuel.

In Venedig fand er Ordnung und Ruhe, fand er viele griechische Landsleute, fand er den Sitz des Buchhandels, wo er seinen Bücherhunger stillen konnte. Er arbeitete als Gutachter und Anwalt am bischöflichen Gericht. 1522 taucht er für einige Tage in Pesaro auf, wo Francesco Maria wieder, und zwar jetzt dauernd, herrschte. Aber er entschließt sich dann doch, in Venedig zu bleiben, weil er dort seine Gaben am besten betätigen und in Frieden leben könne. In Venedig werden ihm zwei Söhne und eine Tochter geboren, welch letztere der Patriarch von Venedig selber aus der Taufe hebt.

Den Ruf auf eine juristische Professur in Padua lehnt Diplovatatius ab, er tritt in Beziehungen zum venetianischen Buchhandel und wird Herausgeber, sog. „Korrektor".[5])

Alles, was Diplovatatius hat drucken lassen, fällt in diese Jahre. Er arbeitet für verschiedene Verleger gleichzeitig. Die Hauptrolle bei seinen diesbezüglichen Arbeiten spielen literaturgeschichtliche Additiones, in denen die philologische Methode der Humanisten auf die älteren Erzeugnisse der scholastischen Jurisprudenz angewendet wird. Sie stellen etwa einen kritischen und sachlichen Apparat zu den betreffenden Werken dar. Einigen Ausgaben schickte Diplovatatius auch Viten der Verfasser voraus. Diese ganze Tätigkeit war für ihn wohl mehr eine Liebhaberei als ein Geschäft.

Sichtbareren Erfolg hatte er mit einer anderen Arbeit. Er vertiefte sich in die Geschichte Venedigs, um durch Urkunden und durch juristische Ausführungen zu beweisen, welche Privilegien

---

[5]) Kantorowicz fügt hier eine kurze Schilderung der Tätigkeit dieser Korrektoren ein, unter denen sich hervorragende Philologen befanden, und weist mit Recht darauf hin, daß die Korrektoren sehr eine Sonderarbeit lohnen würden.

Venedig habe. So entstand zunächst ein systematisch-juristisch gegliedertes Teilwerk, das den seinem Inhalt völlig entsprechenden Titel erhielt: Tractatus de Venete urbis libertate et ejusdem imperii dignitate et privilegiis. Dieser Teil wurde zwischen 1517 und 1522 geschrieben. Diplovatatius richtete 1522 an den Rat der Zehn eine Bittschrift, der Rat der Zehn möge für den Tractat seinem Sohn eine standesgemäße Pfründe auf Lebenszeit, ihm selber aber, bis eine solche frei werde, ein Vikariat oder eine Richterstelle in einer Stadt der Terra ferma geben.

Der Rat der Zehn erkannte den politischen Wert des Werkes, das er durch Kommissionen prüfen ließ, und gab 1523 dem Antrag des Diplovatatius statt: dessen kleiner Sohn erhielt 1524 eine geeignete Pfründe und Diplovatatius selber für die Zwischenzeit ein Jahrgeld.

Einem Anerbieten des Diplovatatius folgend, forderte der Rat ihn auf, das Werk zu ergänzen. Während der vorgelegte Teil die Forderungsrechte und Ausschließungsrechte Venedigs mit Ausnahme der Sachenrechte betraf, ging Diplovatatius nun an den sachenrechtlichen Teil, an die Darstellung der politisch und historisch so wichtigen Gebietshoheitsrechte Venedigs an den vielen unterworfenen oder unterworfen gewesenen Landstücken und Inseln Italiens, des Balkans, der Levante. Der Stoff wurde geschichtlich-geographisch geordnet. Das unvollendet abgebrochene Werk wurde 1524 überreicht und eine Abschrift gefertigt. Inzwischen begann Diplovatatius eine Fortsetzung unter dem Titel De urbe Venetiarum et de civitatibus, insulis et locis illustrissimo dominio aliquandiu subjectis. An diesem Teil arbeitete er noch 1527. Vollendet wurde das Gesamtwerk nicht.

Die Deduktionen des Diplovatatius sind die einer privatrechtlichen Begriffsscholastik. Die Unabhängigkeit Venedigs vom Reich z. B. wird damit begründet, daß es auf dem Meeresboden, also in terra nullius, erbaut sei. (Neuzeitliche Parallele: die Rechtfertigung der Unterwerfung Hollands durch Frankreich nach der französischen Revolution damit, daß Holland eine Alluvion französischer Flüsse sei.) Die Methode ist das Pro- und Kontraverfahren des Quästionenstils. Der neue humanistische Geist zeigt sich jedoch in der gründlichen Heranziehung der Geschichtsschreiber Venedigs, der Urkunden, ja gelegentlich auch von Münzen, Inschriften usw. Die venezianische Staatskunst wird vermutlich manchen Gewinn aus dem Werk gezogen haben. In neuer Zeit, 1905, hat ein Vorkämpfer der istrischen Irredenta, Attilio Hortis, seinerzeit Vertreter Triests im Reichsrat der österreichisch-ungarischen Monarchie, diejenigen Teile des Werks, die Venedigs Besitzrechte an Istrien betreffen, zu einem sehr unvollkommenen Druck gebracht.

Ein Enkel des Thomas, Valerio Diplovatazio, benutzte später den Besitz der Urschriften beider Teile des Werkes zu einer erfolgreichen Erpressung an dem Rat der Zehn. Er bot sie als „Geschenk" an mit dem Bemerken, er wolle der Republik keine Ungelegenheiten durch Drucklegung machen. Nach Sicherheitsleistung, daß keine Abschriften mehr vorhanden seien, nahm der Rat der Zehn das „Geschenk" an und sicherte dem Valerio dafür eine Pfründe im Werte von 50 Dukaten jährlich zu.

Wohl im Jahre 1531 kehrte Thomas Diplovatatius nach Pesaro zurück, wo wieder, seit 1521 und bis 1538, Francesco Maria herrschte. Er wurde abermals, und zwar einstimmig, in den Engeren Rat aufgenommen, trat 1537 auch in den Großen Rat ein und erscheint gelegentlich unter den vier städtischen Konsuln als deren erster, der Gonfaloniere. 1538 leistet er mit dem gesamten Großen Rat dem Nachfolger und Sohn des verstorbenen Francesco Maria, dem Herzog Guidobaldo II., den Treueid.

Seine drei überlebenden Kinder heirateten Mitglieder der Pesaraner Adelsfamilie Ondedei. Als Diplovatatius 1538 sein Testament errichtete, konnte er schon eine Enkelin bedenken. Sein Sohn und Erbe Alessandro und dessen Erben wurden in dem Testament verpflichtet, die Bücher des Erblassers weder zu zerstreuen noch zu verkaufen noch zu verleihen, weil durch diese Bücher und durch die Liebe Gottes und die Gnade desselben der Erblasser seine Fähigkeiten erworben habe. Die Bibliothek muß sehr reichhaltig, namentlich an Handschriften des Bartolus, Baldus, Tartagnus, Jason, Panormitanus u. a., und sehr kostbar gewesen sein. Nur ein Kleinschriften-Sammelband hat sich erhalten. Aber noch 1748 befanden sich in dem Pesaraner Stammhaus der Grafen von Montelabate, die die Diplovatazier nach dem Aussterben ihres Mannesstammes um 1700 beerbt hatten, Handschriften des Thomas Diplovatatius. Um 1800 waren sie nicht mehr dort. Die Montelabate hatten um diese Zeit Pesaro verlassen, der letzte erscheint in Mähren als Herr auf Bystřitz am Hostein, wo er 1804 gestorben sein soll. Sein Neffe und Erbe Johann Nepomuk Wengersky vererbte 1827 Bystřitz auf die Familie Laudon. Im Jahre 1918 war Herr auf Bystřitz Ernst Olivier Freiherr von Laudon.

Kantorowicz schließt die Biographie des Thomas mit der Andeutung, vielleicht könnte dort noch eine Spur zurückführen zu den verschollenen Bücherschätzen des Diplovatatius. Doch sind nach freundlicher Mitteilung von Kantorowicz die bisherigen Versuche, die verlorenen Handschriften wiederzufinden, vergeblich gewesen.

Thomas Diplovatatius verfaßte noch religiöse Schriften: Psalmen und Litaneien. Nach Vollendung des 73. Jahres, am 29. Mai 1541, starb er und wurde gemäß seiner testamentarischen Anordnung in der Nikolauskapelle in S. Agostino vor dem Altar beigesetzt. Die Grabinschrift war 1770 noch vorhanden und ist im Wortlaut bekannt. Das Marmorbildnis, das die Grabplatte ebenfalls nach testamentarischer Bestimmung enthalten sollte, ist seither mitsamt der Platte verschwunden. So kennen wir die leiblichen Züge des Diplovatatius nicht. Aber wir können uns ein geistiges Bild von ihm machen. Aus der liebevoll genauen Schilderung durch Kantorowicz ergibt sich auf dem Hintergrund der Renaissancekultur das Bild eines vornehmen, rechtschaffenen, sorgfältigen, gewiß nicht genialen, aber gründlichen Forschers auf der Schwelle zwischen Scholastik und Humanismus, dem es ein Bedürfnis ist, jedes Gebiet, das er betritt, zum Gegenstande einer eindringenden und umfassenden Untersuchung zu erheben. Mit Recht sagt Savigny (Gesch. d. RR. im MA. III S. 45) von ihm: „Ein geistloser Sammler ist er keineswegs, mit unermüdetem Eifer prüft er die Echtheit zweifelhafter Schriften, und seine Kritik verdient alle Achtung."

Der Sohn Alessandro nahm die Ratsherrnstelle des Vaters ein, wurde später Gonfaloniere und zugleich herzoglicher Geheimkämmerer. Von einer Schwester Alessandros stammt der alsbald zu erwähnende Olivieri im 6. Glied ab, von einer Tochter Alessandros der Urkundensammler Almerici im vierten Glied.

2. Die Quellen der Lebensgeschichte. Kantorowicz konnte sich auf mehrere Vorarbeiten stützen.

a) Zunächst hat Diplovatatius selber in verschiedenen Schriften, vor allem in den Additiones zu Alexander Tartagnus und Bartolus, autobiographische Bemerkungen hinterlassen. Die diesbezüglichen Additiones zu Bartolus sind Kantorowicz größtenteils unzugänglich geblieben, doch glaubt Kantorowicz nicht, daß dort Wesentliches und Wertvolles zu holen gewesen wäre.

b) Die älteste, verschollene Biographie stammt aus den Jahren um 1527 von dem Humanisten Egnatius, einem Freunde des Diplovatatius. Von ihr existiert ein italienischer Auszug in Pesaro (Cod. Oliv. 382 Bl. 95). Der Beweis, daß es sich wirklich um einen Auszug aus einer Diplovatatius-Biographie des Egnatius handelt, ist Kantorowicz geglückt. Deshalb ist diese Quelle als sehr wertvoll zu betrachten.

c) Der nächste Biograph, der mit Diplovatatius durch Familienbeziehungen verbundene, aus Pesaro stammende, in Venedig wohnhafte Jurist Giovanni Matteo Pigna, hat sich weitgehend auf Egnatius gestützt, wie eine Vergleichung des erwähnten Auszuges mit der handschriftlich mehrfach erhaltenen, vermutlich 1586 entstandenen, Arbeit Pignas ergibt. Dadurch steigt ebenfalls ihr Wert als Quelle, zumal auch Pignas eigene Nachrichten großenteils durch Urkunden bestätigt worden sind.

d) Reine Fabelei sind die Angaben des Fälschers Papadopoli über Diplovatatius und seine Schriften (Historia Gymnasii Patavini, 1726, Bd. II S. 43; auch schon Praenotiones mystagogicae ex iure canonico 1697). Bereits Savigny (a. a. O. S. 42 g) bezeichnet die Schriften über das griechische Recht usw., welche dem Diplovatatius von Papadopoli zugeschrieben werden, als anscheinend völlig erdichtet. Aber im 18. und noch im 19. Jahrhundert sind mehrere Autoren auf den Schwindel hereingefallen.

e) Der Marchese Annibale degli Abati Olivieri in Pesaro (1708—1789), ein glänzender Kenner der Lokalgeschichte und durch des Diplovatatius Tochter Francesca sein Nachkomme im 7. Glied, schrieb 1770 für Sarti-Fattorinis berühmtes Werk de claris archigymnasii Bononiensis professoribus eine Biographie des Thomas, die dort auszugsweise im zweiten Band, außerdem aber 1771 gesondert erschien. Kantorowicz beurteilt sie als ausgezeichnete Leistung, die — außer den venezianischen — fast alle Quellen, auch Akten und Urkunden, mit gutem Urteil verwertet. Auf ihr beruht alles, was noch im 18. und dann im 19. Jahrhundert über das Leben des Diplovatatius geschrieben worden ist, wenn wir von vier Briefen des Diplovatatius absehen, die 1881 der Marchese Antaldi in Pesaro herausgegeben hat.

f) Enrico Besta hat 1903 (Nuovo Archivio Veneto VI 2, S. 261—361) in einer Arbeit „Tomaso Diplovataccio e l'opera sua" insbesondere auch das Leben und Wirken des Diplovatatius in Venedig untersucht. Kantorowicz mußte für den venezianischen Abschnitt Bestas Arbeit, soweit sie urkundlich gesichert ist, zugrunde legen, weil er durch den Krieg an eigener Nachprüfung an den Quellen verhindert war. Im Ganzen aber urteilt Kantorowicz über Besta sehr ungünstig: die Schrift sei nicht nur in zahllosen Einzelheiten ungenau, sondern verwirre die Lebensschicksale des Diplovatatius völlig durch falsche Zeitangaben u. a. Kantorowicz bringt für dieses Urteil, das der Rezensent nicht nachprüfen kann, eine Reihe von Einzelbelegen, die gegen Besta sprechen, — selbst wenn man die kritische Schärfe in Rechnung stellt, die eine kleine Eigenart von Kantorowicz ist und ihn manchmal, gewiß unbeabsichtigt, dazu führt, durch sorgfältig nachgewiesene, aber unerhebliche Ausstellungen im Leser einen ungünstigeren Gesamteindruck hervorzurufen, als ihn das betreffende Werk verdient.[6]) Kantorowicz hat jedenfalls durch exakte Arbeit den älteren Angaben des Egnatius-Auszugs, Pignas und Olivieris zu ihrem Recht gegenüber den Abweichungen Bestas verholfen.

---

[6]) Zum Belege mögen die Worte von Kantorowicz über Savignys Abdruck von Probestellen aus Diplovatatius dienen (S. 123): „Das Ärgerlichste aber ist, daß Savigny auch seine eigene Handschrift nicht richtig wiedergab, und gelegentlich (schrecklich zu sagen) noch Schlechteres leistete als Fattorini." Nun vgl. man bitte das anschließend als Beweis von Kantorowicz vorgebrachte Gravamen mit Savigny, Gesch. des RR. im MA. III S. 640f., Note c und d. Der Rezensent vermag darin wirklich nur eine Lappalie zu erblicken.

g) Attilio Hortis (vgl. oben S. 35), Di Tomaso Diplovatazio e delle sue notizie sull' Istria (Archeografo Triestino ser. III vol. 1, 1905) hat zum ersten Mal die ältere Familiengeschichte verdienstlich dargestellt.

Außer diesen Autoren hat Kantorowicz urkundliche Quellen verwertet, die z. T. auch schon Olivieri benutzt hatte. So in der Biblioteca Oliveriana zu Pesaro Sitzungsberichte von 1503—1513, einen Auszug von Abschriften aus dem Familienarchiv des Diplovatatius, das leider mit seiner Bücherei verschollen ist, Briefe u. a., Urkunden im Archivio Municipale und Archivio Notarile Pesaros, Inschriften in Kirchen und Häusern, einen Brief und diplomatische Berichte, betr. Enkel und Urenkel des Thomas, im Archivio di Stato zu Florenz. Die in Venedig und wahrscheinlich auch in Gubbio vorhandenen Stücke zu untersuchen war Kantorowicz durch den Krieg verhindert. Für die venezianische Zeit des Diplovatatius konnte er sich wenigstens, wie erwähnt, auf Besta stützen.[7]) Auf Stoff aus Gubbio über die dortige Statthalterzeit des Diplovatatius mußte Kantorowicz dagegen leider ganz verzichten. Der Rezensent hofft mit dem Autor, daß dieser Gelegenheit haben wird, die jedenfalls nicht sehr bedeutsame Lücke nachtragsweise in dem noch nicht erschienenen 2. Band auszufüllen.

Die, hiervon abgesehen, erschöpfende, genaue, lebendige, mit sichtlicher Anteilnahme verfaßte Biographie (nach Joachimsens Wort — a. a. O. S. 138 — „nicht eine trockene Juristenvita, sondern ein Menschen- und Kulturbild") darf als eine psychologisch und kulturgeschichtlich vertiefte wissenschaftliche Darstellung bezeichnet werden, die überdies noch den Vorzug gepflegter Stilistik besitzt.

Auf die Gefahr hin, kleinlich zu erscheinen, will der Referent noch einige, im Verzeichnis S. XXIV nicht berichtigte Druckfehler und ähnliche Kleinigkeiten anmerken.

S. VII: Der Titel de precedentia doctorum für das Werk de prestantia doctorum ist dem Rezensenten nicht bekannt.[8]) Offen-

[7]) Wie Kantorowicz dem Rezensenten mitteilte, hat er inzwischen (1925) die Untersuchungen in Venedig nachgeholt und beabsichtigt die Ergebnisse noch bekanntzugeben.

[8]) Dagegen kann das 8. Buch des Werkes diese Überschrift getragen haben, vgl. Kantorowicz am oben S. 28 Anm. 1 angeführten Ort S. 61, 67—69, 72.

bar ist er Kantorowicz im Hinblick auf den Entstehungsanlaß und auf die Bemerkung in der Vorrede (S. 145 Z. 9) versehentlich in die Feder geglitten.

S. XIV: statt Angeli Ubaldi Perusini . . . . commenmentaria lies: commentaria.

S. XVII: statt Diogenes Laertius . . . . rec. Huebner, Lips. 1829 . . . lies: 1828.

S. XIX Z. 1: statt Jasonis de Magno lies: Mayno. Oder hat die Ausgabe von 1508 bereits diesen Druckfehler?

S. XXIV: die Berichtigung zu S. 46 Z. 3 v. u. ist falsch. Es muß heißen: statt: die lies: der.

S. 43 Z. 20: statt: der lies: die.

S. 77 Z. 20: statt: ihm lies: ihr.

3. Überlieferungsgeschichte und Ausgabegrundsätze.

a) Überlieferungsgeschichte.

α) Gedruckt erhalten sind nur wenige kleinere Arbeiten des Diplovatatius, nämlich außer zwei Widmungsbriefen die Viten des Bartolus, Innozenz des Vierten, des Angelus Aretinus de Gambilionibus und wahrscheinlich des Alexander Tartagnus, ferner Additiones zu Tartagnus und Bartolus. Alle diese Schriften haben sich nur als unselbständige Teile der fremden Bücher erhalten, denen sie vorangestellt oder beigefügt wurden. Kantorowicz stellt für den 2. Band eine kritische Edition der vier Viten in Aussicht.

β) Ungedruckt verschollen sind die Viten des Paulus de Castro und des Jason de Mayno, sodann mehrere, vermutlich nicht für den Druck bestimmte Additionenarbeiten und Gutachten, ferner ein Institutionenkommentar, Disputationen, Repetitionen, ein Tractat öffentlichrechtlichen Inhalts, nämlich über das Verweseramt in Reich und Kirche (de vicariis in temporalibus), der wohl die älteste Arbeit über dieses Thema war, Beiträge zur Geschichte von Montefeltro und endlich die Psalmen und Litaneien. Einzelne Bruchstücke sind durch Selbstzitate erhalten von dem Institutionenkommentar, den Disputationen, Repetitionen und Gutachten.

Nicht auf uns gekommen ist auch das Werk de prestantia doctorum, abgesehen von seinem 9. Buch de claris juris consultis.

Pigna (oben S. 37) bringt, jedenfalls aus der Diplovatatius-Biographie des Egnatius, kurze Angaben über den Inhalt der verschollenen Bücher 1—8, die Kantorowicz uns hier vorenthält, aber neuestens in der oben S. 28 Anm. 1 zitierten Arbeit (S. 58 ff.) bringt und verwertet. Bisher wußten wir über diese acht Bücher so gut wie nichts, vgl. z. B. Savigny a. a. O. III S. 43.

γ) Handschriftlich erhalten sind vier große, sämtlich unvollendete, Werke, nämlich in der Urschrift die Entwurf gebliebene Chronik von Pesaro — Bruchstücke haben 1772 Olivieri und 1879—1881 Vanzolini veröffentlicht, Kantorowicz bringt Lichtdruck und Entzifferung einer Seite (Tafeln I a und b), — sodann gleichfalls in der Urschrift die beiden Teile des großen Werks über die Rechte von Venedig, der erste Teil, De Venete urbis libertate, auch in der Staatsabschrift (oben S. 34) und neuerdings in einigen kleinen, von Besta und Breßlau gedruckten Bruchstücken, der zweite Teil De urbe Venetiarum teilweise in einer mangelhaften Druckausgabe durch Attilio Hortis (oben S. 35 und 39), — und endlich die Schrift de claris jurisconsultis.

Egnatius hat sie gekannt und erwähnt. Pigna kennt sie selber nicht mehr. Auf Egnatius beruht ihre Erwähnung bei Johannes Fichard (1539), die wieder Michael Neander (1565) abdruckt. In der juristischen Literaturgeschichte des Professors Wolffhardt in Rinteln (1746) wird der Verlust des Werkes beklagt.

Die Urschrift ist allerdings verschollen. Aber eine nach Ansicht der Herausgeber unmittelbar (dazu vgl. unten S. 51) von ihr entnommene Abschrift kam unverhofft am 1. Oktober 1748 ans Tageslicht. Der Altertumsforscher und Richter am geistlichen Gericht Giambattista Passeri ging über den Marktplatz von Pesaro und sah, wie alte Bücher als Einwickelpapier für Fischhändler verkauft wurden. Unter ihnen fand er eine alte Handschrift mit Juristenviten, kaufte sie und brachte sie sofort dem Marchese Olivieri (oben S. 37), der Urkunden und Quellenschriften zur Geschichte Pesaros in großem Maßstabe sammelte.[9]) Olivieri erkannte sofort das Werk des Diplovatatius. Passeri drang ihm die Handschrift als Geschenk auf.

[9]) Seine Bücherei bildet zusammen mit Kunst- und Altertümersammlung heute die große Oliverianische Stiftung zu Pesaro.

So befindet sich das unter dramatischen Umständen gerettete Werk heute in der Biblioteca Oliveriana. (Nr. 203).

Kantorowicz gibt eine Beschreibung der Handschrift, der nur das letzte Blatt fehlt. Über die Schrift des Codex ist von allen Benutzern bis auf Kantorowicz sehr geklagt worden. Kantorowicz bezeichnet sie als wegen ihrer Gleichmäßigkeit glatt lesbar, sobald man sich in sie hineingelesen hat. Der Rezensent tritt, ohne den Codex selber zu kennen, diesem Urteil bei auf Grund einer teilweisen Lesung der im Lichtdruck als Tafel 2 beigegebenen Probeseite. Man hat sich manchmal wirklich mit viel schlimmeren Schriften herumzuquälen als dieser!

Der juristisch gebildete Schreiber des Codex hat nicht schlecht gearbeitet, namentlich wenn man annimmt, daß er die sicherlich kaum zu entziffernde, mit Nachträgen und Verbesserungen bedeckte diplovatazische Urschrift vor sich hatte. Doch fehlen Abschreibefehler keineswegs. Manchmal hat er seine Vorlage offensichtlich nicht verstanden. Die Abschrift fällt in das 16. Jahrhundert, wohl noch in dessen erste Hälfte.

Als Sarti im Jahre 1757 vom Papst den Auftrag erhielt, eine Geschichte der Universität Bologna zu schreiben, besuchte er auf der Reise von Rom nach Bologna seinen Freund Olivieri, sah die Handschrift und erhielt sie nach Bologna geliehen. Dort hat er den die Glossatoren betreffenden Teil durchgearbeitet und namentlich in literaturgeschichtlicher Beziehung gründlich ausgebeutet, z. T. wörtlich abgedruckt. Sarti schickte 1761 die Handschrift zurück, und der Professor und Abt in Perugia Cavalucci erhielt sie zur Benutzung für eine Geschichte der Universität Perugia, die aber nicht erschienen ist.

Nach Sartis Tode gab Olivieri den Codex an Giovanni Fantuzzi in Bologna, der an einem Lexikon der Bologneser Schriftsteller arbeitete. Fantuzzi ließ ihn durch einen Dr. Fabri abschreiben, diese Abschrift gehört heute der Universitätsbibliothek zu Bologna (Nr. 614).

Sartis Arbeit wurde — in mangelhafter Weise — durch Fattorini fortgeführt. Er lieh sich Fantuzzis Abschrift sowie die Handschrift selber aus, brachte aber im 2. Bande nur eine recht liederliche Ausgabe von 46 Viten heraus, über die Savigny (a. a. O. S. 48) das Urteil fällt, sie sei sehr nachlässig, überall seien ganze Stellen absichtlich ausgelassen, und zuweilen sei dies so geschehen, daß dadurch das übrig Bleibende völlig sinnlos werde.

Seitdem ist der Codex 130 Jahre lang unbenutzt in Pesaro geblieben. Benutzt wurde nur die Abschrift Fantuzzis, die nach Kantorowicz alles andere als sorgfältig ist. Savigny ließ sich von ihr wieder eine Abschrift anfertigen (jetzt Staatsbibliothek Berlin Cod. Sav. 23) und machte von ihr in seiner Geschichte des Römischen Rechts im Mittelalter umfassenden Gebrauch. Von einer Druckausgabe riet Savigny aber ab (a. a. O. S. 48), da sich gewiß nur Wenige finden würden, die sich durch das Buch durcharbeiten möchten. Dazu bemerkt Kantorowicz (S. 126) richtig, Savigny habe übersehen, daß es auch Nachschlagewerke gibt. Der Rezensent möchte hinzufügen, daß er den ganzen bisher edierten, also den für uns heute weniger interessanten Teil des Werkes durchgelesen und die Lektüre, obwohl es sich um eine unfertige, stilistisch ungefeilte Materialsammlung handelt, nicht als ermüdend empfunden hat. Manche neueren philosophischen Werke z. B. lesen sich viel schlechter!

In Deutschland wurde Savignys, in Italien Fantuzzis Abschrift mehrfach verwertet. Im Jahre 1889 bat Vittorio Scialoja den Greifswalder Romanisten Gustav Pescatore, einen Meister der juristischen Literaturgeschichte, um eine Ausgabe des Diplovatatius. Pescatore verzichtete von vornherein auf eine kritische Ausgabe, er druckte nur 44 Viten, hauptsächlich von Glossatoren, aus Savignys Abschrift, die er für sich selbst vollständig kopiert hatte, mit allen ihren Fehlern ab. Etwas anderes beabsichtigte er nicht. Aber mit diesem getreuen Abdruck einer Handschrift vierter Ordnung ist nichts anzufangen. Kantorowicz findet an dem Druck in von Pescatore selbst geschnittenen gotischen Lettern wenigstens noch „eine wahre Augenweide". Der Rezensent vermag nicht einmal diesem Geschmacksurteil beizutreten; er hält den Abdruck lediglich für eine nutzlose, artistische, ein wenig schrullenhafte Spielerei eines Mannes, der sich sonst oft genug als Mediaevist ersten Ranges erwiesen hat.

Giovanni Battista Palmieri brachte 1894 einen Teildruck — Vorrede, mythische Juristen, Römer bis zu Celsus filius — heraus. Die Verlagsankündigung, die Palmieri niemals widerrufen hat, besagt, daß die Ausgabe auf Heranziehung der Handschrift von Pesaro beruhe. Aber Kantorowicz weist nach, daß dies unrichtig ist: die Ausgabe, übrigens ein wertloses Machwerk, beruht allein auf Pescatores Abschrift, die Palmieri sich nach Bologna entliehen hatte! Pescatore hat von seiner Abschrift nie wieder etwas gesehen. Palmieri gab an, sie durch die Post zurückgesandt zu haben, wo sie verlorengegangen sein müsse. Es ist dem Rezensenten nicht bekannt, daß Palmieri sich jemals zu dem schweren Vorwurf geäußert habe, den Kantorowicz gegen ihn erhebt und durch einen Indizienbeweis begründet.[10])

Schließlich hat Enrico Besta 1903 in seinem Werk über Diplovatatius eine vollständige, auf der Pesaraner Handschrift beruhende, kritische Ausgabe angekündigt, die binnen kurzem erscheinen sollte. Kantorowicz (S. 132) findet es verwunderlich, daß seither nichts von dieser Ausgabe erschienen, daß Besta auch niemals mehr auf sie zurückgekommen sei, und fragt, ob Besta die Arbeit aufgegeben oder etwa, was Kantorowicz unter Aufführnng diesbezüglicher Verdachtsmomente annehmen möchte, gar nicht angefangen habe.

Besta hat im Archivio Giuridico 89 S. 110 die Frage beantwortet, die Edition von Schulz und die Biographie von Kantorowicz lobend anerkannt und geschildert, wie das Manuskript seiner eigenen Ausgabe teilweise schon gesetzt, im übrigen in den Händen Gaudenzis — in dessen Bibliotheca iuridica medii aevi es erscheinen sollte — gewesen, aber nach Gaudenzis Tode nicht mehr zum Vorschein gekommen sei. Nicht mit Unrecht hat Besta hinzugefügt, Kantorowicz hätte sich doch lieber bei ihm erkundigen sollen, ehe er den Verdacht publizierte, daß Bestas Manuskript nie existiert habe.

Kantorowicz seinerseits hat daraufhin (ZSSt. RA. 46 S. 405) anerkannt, daß er „durch Mißtrauen verführt Besta Unrecht getan" habe. Es geschieht auf Kantorowicz' ausdrücklichen Wunsch, daß

[10]) Palmieri hat ihn vielleicht nicht mehr erfahren, da er damals schon zur Musik übergegangen und einige Jahre später gestorben sein soll.

der Rezensent hier noch einmal auf diese Zurücknahme der gegen Bestas Angaben früher geäußerten Zweifel hinweist.

b) Grundsätze der Ausgabe.

Nachdem gelehrte Körperschaften Reiseunterstützungen bewilligt hatten, nachdem Pescatore den 2. Band seiner Abschrift zu Vergleichungszwecken geschenkt und nachdem Eugen Rosenstock seine Mitarbeit für die Vergleichung der Handschrift in Pesaro zur Verfügung gestellt hatte, fertigte Kantorowicz zunächst an Stelle des von Palmieri nicht an Pescatore zurückgelangten 1. Bandes eine neue Vergleichungsgrundlage aus den Teildrucken und einer ergänzenden Abschrift der Savignyschen Handschrift an. Mit dieser und mit dem 2. Band Pescatores fuhren Rosenstock und er nach Pesaro und trugen die Abweichungen der Pesaraner Stammhandschrift ein (11. August — 10. September 1913). Lediglich die Rechtschreibung betreffende Abweichungen wurden nur soweit eingetragen, als dies für den Zweck nötig war, nicht eine Kopie der Stammhandschrift, sondern ein Abbild der verlorenen Urschrift zu geben. Hierfür war die eigenhändige Urschrift der Chronik von Pesaro wertvoll. Denn auch diese ist erste Niederschrift einer Stoffsammlung, voller Durchstreichungen und nachträglicher Zusätze, sie zeigt die, mittelalterliche und humanistische Art mischende, also willkürliche Rechtschreibung des Diplovatatius und seine nachlässige, unleserliche Handschrift. So mußte auch die Urhandschrift des Werkes de claris jurisconsultis ausgesehen haben. Die erkennbaren Verderbnisse der Handschrift waren unter Einsetzung des mutmaßlichen Wortlautes der Urschrift zu bessern, wobei den Quellen des Diplovatatius die Rolle eines kritischen Hilfsmittels zufiel. Die von ihm selbst benutzten Handschriften und Drucke konnten zwar nicht ermittelt werden, aber doch vielfach die ihm vorliegenden Lesarten.

Die Anordnung der Viten wurde belassen, auch die Doppelstücke, wohl zweimalige Entwürfe, wurden an beiden Stellen wiedergegeben. Eine Ausführung, die die Herausgeber für das Schlußwort halten, die sich in der Handschrift aber an dem Unterabschnitt zwischen den antiken Rechtsgelehrten und den spätantiken Gesetzgebern findet, ist dort (S. 325f.) in Kleindruck wiedergegeben und soll außerdem am Schluß des Ganzen wiederholt werden. Die Herausgeber meinen, sie sei, auf einem losen Zettel von Diplovatatius notiert, vom Abschreiber an der unrechten Stelle eingefügt worden. Der Rezensent möchte aber bezweifeln, ob sie wirklich ein Schlußwort darstellt, und nicht eher eine Verteidigung der antiken Jurisconsulti gegen Laurentius Vallas Überhebung. Dann würde sie ganz an der richtigen Stelle stehen. Valla spricht sich zwar in dem von Diplovatatius angeführten Stück (S. 325f.) recht anerkennend über die klassischen Juristen aus — übrigens: Z. 13—23 enthalten eine Vorahnung der „fungiblen Personen" Savignys —, aber dem Diplovatatius könnte doch der Satz auf die Nerven gegangen sein: Et quantum momenti in verborum interpretatione sit, ipsi iuris consultorum libri maxime testantur in hoc precipue laborantes. Man spürt es, wie er den Valla als unverschämten Literatenwindbeutel haßt, und so mag er ihm auch diesen, wohl gar nicht tadelnd gemeinten Satz verübelt haben (anders freilich Schulz S. 325 Anm. 3). Und weiter wird er, dem die alten Juristen über jede Kritik erhaben waren, er, der Zeit und Mühe daran wandte, dies Gefühl der Bewunderung auch in Anderen zu wecken, selbst die guten Zensuren, die Valla den antiken Jurisconsulti gönnerhaft austeilt, schon als Dreistigkeit empfunden haben. Die Invective des Poggius, die Diplovatatius gegen Valla ins Feld führt, geht ja gerade gegen Vallas Arroganz gegenüber antiken (nicht: mittelalterlichen) Größen, Cicero, Livius, Sallust (tamquam fortunae rotam in manu tenens sursum et deorsum volvit et versat omnia et ad suum arbitrium trahit), und führt als Beispiel seiner grotesken Anmaßung an: Priscos juris consultos plurimum verborum significationes ignorasse affirmat. Priscos, das heißt: die antiken Rechtsgelehrten! (Zur Sache vgl. etwa ZSSt. RA. 49 S. 682.) Die ganze Ausführung des Diplovatatius ist ein reichlich zusammenhangloses Exzerpt aus ein paar humanistischen Literaten, noch keineswegs ausgearbeitet, so daß man nicht recht sieht, worauf Diplovatatius denn eigentlich mit ihr hinaus wollte. Eben deshalb darf sie aber nicht mit Bestimmtheit als Schlußwort des ganzen Werkes betrachtet und behandelt werden, wenn sie sich auch an der Stelle, wo sie in der Handschrift steht, halten läßt.

Die Frage der Rechtschreibung haben die Herausgeber einer

Kompromißlösung zugeführt. Die Schreibung der Stammhandschrift, einer bloßen Abschrift, konnte nicht maßgebend sein. Thomas selber war, wie die Chronik von Pesaro zeigt, nicht konsequent in diesem Punkte. Also wurde die vom Humanismus inaugurierte, heute übliche neulateinische Rechtschreibung gewählt mit den noch bei Thomas festgewurzelten mittelalterlichen Eigentümlichkeiten, wie dem Fehlen der Umlaute.

Im kritischen Apparat der Ausgabe wurden bloße Abweichungen in der Rechtschreibung und unzweifelhafte Schreibfehler nicht vermerkt, es sei denn, daß ein sachlicher oder schriftgeschichtlicher Gesichtspunkt dafür sprach. Der Rezensent hat die erste Hälfte der Vita des Minos (S. 155 Z. 17 bis 156 Z. 13) mit dem Lichtdruck der Handschrift verglichen und dabei folgende, im kritischen Apparat nicht vermerkte Abweichungen zwischen Handschrift und Druck notiert:

Seite:	Zeile:	Druck:	Handschrift:
155	28	Androgei	Angrogei
	32	urna	una
156	1	missus	misus
156	1	Ariadne	Adriane
	2	Athenienses	Athenianses
	3	refert	reffert
	6	Atticos	athicos
	8	tributaria	tributoria
	8	Gnosius	gnosicos
	10	Pasiphes	Phasipes
	10	labyrinto	laberinto
	11/12	Aristoteli	Aristotili
	12	occisus	occissus.

Von diesen hätten bei strenger Befolgung des Grundsatzes, nur orthographische Abweichungen und unzweifelhafte Schreibfehler nicht zu erwähnen, die Abweichungen una, Adriane, tributoria nach Ansicht des Rezensenten vermerkt werden sollen. Adriane muß nicht ein offenbares Abschreibeversehen, sondern kann von Diplovatatius angenommene Namensform sein (vgl. S. 138); deshalb ist eine entsprechende Abweichung auf S. 155 in Note k mit Recht aufgenommen worden. Und una und tributoria für urna und tributaria sind wohl nicht unzweifelhaft bloße ungewollte Schreibfehler (S. 139); wenn auch insbesondere tributoria sicherlich auf das Konto des rechtskundigen Schreibers kommt, so kann es doch eine von ihm beabsichtigte Änderung sein. Gnosicos, das einen guten Sinn gibt — die Leute von **Κνωσός** oder Gnossus, der Residenzstadt des Minos —, während mit Gnosius nichts anzufangen ist, hätte — allenfalls unter Emendation in Gnosios oder Gnosiacos — beibehalten werden müssen.[11])

Der sachliche Apparat will keine Erläuterung sein — dann hätte er sich zu einer Geschichte der Rechtswissenschaft in Anmerkungen ausgewachsen —, sondern eine Nachweisung der von Diplovatatius angeführten oder stillschweigend benutzten Quellen oder Zwischenquellen.

An unkorrigierten Druckfehlern und sonstigen kleinen Ungenauigkeiten fand der Rezensent in diesem Abschnitt:

S. 117 unten: Der Name Aphoroneus statt Phoroneus ist nicht ständig festgehalten, sondern so nur einmal geschrieben worden (S. 145 b), im übrigen hat die Handschrift: Aphroneus (S. 146 c).

S. 123 Z. 1: statt de Bulgarinus lies: de Bulgarinis.

II. Die Ausgabe.

Editionstätigkeit kommt bei Rezensionen gewöhnlich zu kurz weg. So haben auch die dem Rezensenten bekannten bisherigen Besprechungen die gewaltige Arbeit, die Fritz Schulz geleistet hat, mit wenigen lobenden Bemerkungen abgetan. Das ist begreiflich. Denn von einer editorischen Leistung läßt sich eine Inhaltsübersicht nicht oder doch nicht so geben wie von einem schriftstellerischen Produkt. Auch hier wird ihr deshalb ein räumlich kleinerer Teil der Rezension gewidmet als der Einleitung von Kantorowicz.[12]) Um

---

[11]) Gnosius ist kein Lesefehler, sondern eine leider im kritischen Apparat nicht kenntlich gemachte Konjektur, zu der Schulz vielleicht durch einen fehlerhaften Druck der Vorlage des Diplovatatius, Eusebius Chron. 2, 49 g, sich hat verführen lassen. Die vom Rezensenten nachgeschlagene Ausgabe des Eusebius (Lugd. Bat., Sumptibus Commelinorum, 1606) hat aber richtig: Gnossios.

[12]) Vgl. das Wort Seckels (ZSSt. RA. 21 S. 336): „Die Rezension einer vollauf gelungenen Ausgabe läßt sich erschöpfend auf wenigen Seiten abmachen."

falschen Folgerungen aus diesem äußerlichen Umstand vorzubeugen, sei wiederholt betont, daß die Leistung, die Schulz auf den 230 Seiten des bisher von ihm edierten Teiles erbracht hat, die mühsamere, entsagungsvollere und bedeutsamere ist.

Nach den Angaben über die unter den beiden Herausgebern erfolgte Arbeitsteilung ist es offenbar das Verdienst des für die Lesung selber nicht verantwortlichen Fritz Schulz, die beiden Bände, in die Kantorowicz und Rosenstock zu Pescatores Abschrift, zu den bisherigen Teildrucken und zu einer ergänzenden Abschrift der Savignyschen Handschrift die Abweichungen der Stammhandschrift eingetragen hatten, nach den Regeln der kritischen Kunst zu einer Rekonstruktion des Urtextes gestaltet zu haben. Die größte Hilfe hierbei gewährte das Zurückgehen auf die Quellen des Diplovatatius, so daß die Quellennachweisung nicht nur an sich, sondern auch für die Textbesserung wesentlich war. Es wurden sämtliche Anführungen des Diplovatatius nachgeschlagen und die Stellen im sachlichen Apparat angemerkt. Hatte Diplovatatius etwas aus einer Zwischenquelle zitiert, so wurde regelmäßig auch die Grundquelle aufgesucht. Nur in wenigen Fällen gelang die Auffindung nicht, etwa weil die Schrift verschollen war oder die Stelle darin wenigstens in der von Diplovatatius angeführten Form nicht ermittelt werden konnte.

Darüber hinaus wurden auch die stillschweigend benutzten Quellen angemerkt; nur bei einer kleinen Zahl von Fällen, die den Eindruck stillschweigender Übernahme aus irgendwelchen Quellen hervorriefen, gelang der Nachweis nicht.

Wie der Index librorum ergibt, hat Schulz für diese Arbeit mehr als 200, zum Teil seltene und wenig bekannte Werke herangezogen; und wie die Anmerkungen des sachlichen Apparats erkennen lassen, hat er rund 3400 Stellen aus diesen Werken nachgewiesen. Welche Geduld und Umsicht zu solchen Nachweisungen dann erforderlich ist, wenn das Zitat ungenau ist, wenn insbesondere die Anfangsworte eines Digestenfragmentes andere sind, so daß Nachschlagen im Leges-Index der Gothofredus-Ausgabe nicht zum Ziel führt, kann wohl nur der ganz ermessen, der sich ähnlichen Arbeiten selber unterzogen hat. Wo Schulz ein verdorbenes Zitat nicht ermitteln konnte, wird die Aufgabe häufig unlösbar sein, wenn man nicht ein Übermaß von Zeit und Arbeit an sie wenden will oder der Zufall nicht hilft. Der Rezensent hat sich in einigen Fällen ihrer anzunehmen versucht, aber nicht immer mit positivem Ergebnis. So ist z. B. das Zitat S. 156 Z. 28: Athilianus de unna historia, nicht in Ordnung. Athilianus könnte eine durch Erinnerungen an römisches Vormundschaftsrecht verursachte Verhunzung des Aelianus durch den dieses Namens noch ungewohnten, rechtskundigen Abschreiber sein. Statt de (ein Querstrich am d ist auf dem Lichtdruck des Rezensionsexemplars unkenntlich) könnte man ī mit Ligatur, also Ꝺ (= in) zu lesen haben. unna ist sinnlos, aber auch nicht sicher lesbar, sicher sind nur ein v am Anfang und ein a am Schluß. Die Mittelbuchstaben könnten absichtlich undeutlich geschrieben sein, weil der Abschreiber seine Vorlage nicht zu entziffern vermochte. Deshalb verfiel der Rezensent auf: Elianus (oder: et Elianus) in varia historia. Aber leider kommt in diesem ganzen Werk der Gegenstand des Zitats, der kretische König Minos, auch nicht ein einziges Mal vor. So blieb das Rätsel ungelöst.

Unmittelbar vorher steht ein anderes Zitat, in dem Platon, was zeitlich unmöglich ist, von Galenus sprechen soll. Die Platonstelle, die Diplovatatius meint, ist, nach dankenswertem Hinweis von Herrn Kollegen Maas, Königsberger Ordinarius der klassischen und byzantinischen Philologie, Platons Minos (Untertitel *περὶ νόμου*), 317 d — 318 a, wo Minos, der Gesetzgeber für die Seelen, dem Gesetzgeber für den Körper, also dem Arzt, gegenüber gestellt wird. Natürlich kann Diplovatatius aus einer Zwischenquelle geschöpft haben.[13]) Die Ausschmückung kann aber auch auf sein Konto kommen, weil er die prestantia der Juristen vor den Medizinern begründen will (vgl. Einl. S. 28f.). Einen bloßen scherzhaften Ausfall gegen die Ärzte möchte der Referent bei dem ernsten, würdevollen, etwas steifen Manne nicht annehmen, dem sein Biograph Kantorowicz nur einen einzigen Scherz nachzuweisen vermag (Einl. S. 57). Nun heißt es bei Diplovatatius: tanto magis

[13]) Vielleicht aus der Schrift De nobilitate legum et medicinae des Coluccio Salutati? Über sie vgl. Kantorowicz am oben S. 28 Anm. 1 angeführten Ort S. 67.

profuisse Grecis Minoem quam Galenum, quantum animus prestantior est quam corpus aut tempus et eterna vita quam temporalis. Die Worte: aut tempus fallen auf. Herr Kollege Maas hatte die Freundlichkeit, den Rezensenten darauf hinzuweisen, daß sie Interlinearzusatz eines Schreibers sein dürften, der zweifelte, ob eine Abbreviatur in seiner Vorlage als corpus oder als tempus zu lesen sei, welcher Zusatz bei der nächsten Abschrift in den Text übernommen worden wäre. Das leuchtet ein. Trotzdem braucht man vielleicht nicht unbedingt gegen die Herausgeber (oben S. 41) zwischen der Urschrift und der Pesaraner Handschrift noch eine Zwischenhandschrift anzusetzen. Denn Diplovatatius kann den Text so auch bereits in der (nicht ermittelten) Schrift gefunden haben, aus der er sein Zitat schöpfte, und ihn trotz offensichtlicher Bedenklichkeit getreulich übernommen haben, wofür die Edition immerhin Beispiele liefert (z. B. S. 192 Anm. h, wo Diplovatatius seiner Vorlage entsprechend alio statt aliquo schreibt. Vgl. auch S. 136 Z. 12ff.). Eines könnte allerdings gegen die mechanische Übernahme des sinnlosen aut tempus sprechen (gleichfalls Hinweis von Herrn Kollegen Maas): unmittelbar vorher hat vielleicht Diplovatatius einen Fehler seiner Vorlage zu korrigieren versucht. S. 156 Z. 21 hat der Text: Lactantius. Das ist beizubehalten, gegen Schulz Anm. k, der dafür Paradius setzt. Paradius steht zwar bei Eusebius (Hieronymus), ist aber mißverstandenes *παρὰ Διός*. Diplovatatius — oder die von ihm benutzte Abschrift des Eusebius? — hat vermutlich den Unsinn geahnt und einen glaubhaften Namen eingesetzt. Bei diesem Tatbestand wagt der Rezensent über die Frage einer Zwischenhandschrift kein Urteil. Aber vielleicht können die Herausgeber bei der Bearbeitung des 2. Bandes noch diesbezügliches weiteres Material ausfindig machen, was sehr zu wünschen wäre.

S. 226 taucht ein angeblicher klassischer Jurist Questorius auf, der durch ein Mißverständnis — Pomponius berichtet D. (1, 2) 2, 45, Cascellius sei quaestorius gewesen! — das Licht der literärgeschichtlichen Welt erblickt hat. Diplovatatius berichtet von diesem Phantasiegeschöpf weiter: consulque effectus tanto cum moderamine se habuit, ut omnium patrum consensu pater appellatus fuerit. Diplovatatius wird sich das kaum selber aus den Fingern gesogen haben. Aber seine Quelle ist nicht zu ermitteln.

Hingegen läßt sich vielleicht ein verdorbenes Digestenzitat auf S. 273 Z. 14 richtig stellen. Angeblich soll Papinian den Paulus anführen „in l. eos qui ducoetorum numerum". Dazu Anm. f: corr., und Anm. g (zu ducoetorum): 'oe' certe legi non potest. Nun gibt es keine Paulusanführungen bei Papinian. Höchstwahrscheinlich wird es sich also um eine Nota des Paulus zu Papinian handeln, die so inmitten papinianischen Textes steht, daß sie fälschlich für eine Anführung des Paulus durch Papinian gehalten werden konnte. Das trifft zu bei D. (38, 2) 42, oder nach der Zitierweise des Diplovatatius: l. filius qui (FF.) de bonis libertorum. Der Abschreibefehler erklärt sich paläographisch etwa so:

l. Fi⁹ q d' bo. libro:um (= l. Filius qui, de bo. libertorum) wird falsch gelesen als: *l. E⁹ q ducoetorū n'm* (= l. Eos qui ducoetorum numerum). Solche Fehllesungen der schwer entzifferbaren Hand des Diplovatatius durch den Schreiber sind nicht weiter erstaunlich.

Außer den oben (S. 47 ff.) vermerkten Stellen hat der Rezensent beiläufig, während der Lektüre, noch an einigen anderen Stellen Bedenken gegen den Text zu erheben gefunden, ohne überall unterscheiden zu können, ob Lesefehler, Druckfehler, Schreibfehler des Autors selber oder Abschreibefehler in Frage stehen, und ohne den folgenden Katalog irgendwie als erschöpfend hinstellen zu wollen. Ferner dankt er die drei folgenden Hinweise zu S. 156/157 Herrn Kollegen Maas.

S. 156 Z. 3 statt quod ut *scr.* prout. quod, das Schulz, Anm. a, anzweifelt, ist ein, paläographisch naheliegender, Fehler des Schreibers. Zu prout vgl. S. 145 Z. 19, S. 355 Z. 18, 22, 26.

S. 156 Z. 22 statt tamen *scr.* enim? Der Schreiber kann die Vorlage mißverstanden haben wegen der Ähnlichkeit der beiden Abbreviaturen.[14])

S. 157 Anm. h statt ut *scr.* vel. Schulz hat: legum aus diesem

---

[14]) Diplovatatius schreibt hier den Eusebius aus. Aber Eusebius ergibt, wenigstens in der vom Rezensenten benutzten Ausgabe (oben S. 48 Anm. 11), zu der Frage nichts: er hat weder tamen noch enim.

angeblichen ut emendiert (Z. 21). Der Lichtdruck (Tafel II) zeigt nicht ur (= ut), sondern, worauf Herr Kollege Maas den Rezensenten, der diesen Teil der Tafel zunächst nicht gelesen hatte, freundlichst hinwies, deutlich ūl (= vel). Die Emendation von vel in legum wird gleichwohl richtig sein.[15]) Aber der Schnitzer, ut statt vel zu lesen, hätte nicht unterlaufen dürfen.

S. 168 Z. 16 statt Salaminam *scr.* Salaminem (?).[16])

S. 170 Z. 23 statt tribuninam *scr.* tribuniciam, vgl. S. 171 Z. 32 u. S. 174 Z. 23, sowie D. (1, 2) 2 § 3.

S. 175 Z. 2 hinter filie sue *ins.* agentem oder manum iniicientem, vgl. S. 172 Z. 6 und 21.

S. 210 Z. 10 statt due *scr.* duo.[16])

S. 237 Z. 2 statt la prima *scr.* in prin. (?). Italianismen kommen zwar vor (vgl. Einleitung, 2. Anhang, S. 134). Hier handelt es sich aber nicht um die erste lex mit dem Anfangswort servitutes, sondern um die dritte in diesem Titel, so daß la prima sachlich falsch wäre.

S. 360 Z. 1 statt volumnina *scr.* volumina.

Schließlich ist im Verzeichnis der Tabulae, hinter S. 384, unter III a. E., statt huius volumine zu lesen: huius voluminis.

Also auf den S. 156 und 157, die an Hand der Lichtdrucktafel nachgeprüft werden konnten, ein einziger Lesefehler: ut für vel. Mindestens hier war demnach die Lesung von großer, freilich nicht völliger Genauigkeit. Ob dies Fehlervorkommen dem Durchschnitt des ganzen Buches entspricht, läßt sich nicht sagen, weil für die Nachprüfung ja nur die eine Lichtdrucktafel zur Verfügung steht. Aber die, jedenfalls auch sonst noch vorkommenden, Lese- und anderen Fehler dürften so unbedeutend und, wo sachlich auffallend, durch Emendationen soweit wieder richtiggestellt sein, daß die Brauchbarkeit des Textes dadurch nicht in Frage gezogen wird.

[15]) Das zeigt eine Vergleichung der einschlägigen Quelle des Diplovatatius, Plato de republ. 10. Die lateinische Übersetzung des Marsilius Ficinus (Lugd. 1590, S. 512 G) hat: . . . . legum te optimum praedicant conditorem . . . .

[16]) Die Vorlage der Stelle, nämlich das Supplementum Chronicarum des Jacobus Philippus Bergomensis (Wiegendruck von 1492) war, weil in den Königsberger Staats- und Universitätsbibliothek nicht vorhanden, dem Rezensenten nicht erreichbar.

Nachträge und Berichtigungen sind hier und da möglich, das glaubt der Rezensent namentlich an den S. 155ff., auf die er in erster Linie sein Augenmerk richtete, da Durchprüfung des Ganzen weit über den Rahmen einer Rezension hinausgehen würde, gezeigt zu haben. Aber das ist bei einem derartigen Werk auch nicht anders denkbar, sonst könnten die Herausgeber nie zum Abschluß kommen.

III. Der Inhalt.

Der Inhalt des Werkes wird erst gewürdigt werden können, wenn die für Band II geplante literargeschichtliche Einleitung vorliegt. Doch seien ein paar kurze Bemerkungen schon hier verstattet.

Wie in seinem Chronicon Pisauri, so wendet auch im Liber de claris juris consultis Diplovatatius die Zeitrechnung von Christi Geburt ab auch auf die vor Christus liegenden Jahre an. Er konnte die Zählung ante Christi adventum bereits einer seiner Quellen entnehmen. Kantorowicz (S. 44) betont das mit Recht, denn in modernen Lehrbüchern der Chronologie wird diese Zählung als Erfindung des 18. Jahrhunderts angesehen.

Daß die Schrift nur einen Teil eines umfassenden Buches über die Vorrechte der Doctoren bildete, merkt man ihr wenig an. An einer Stelle kommt Diplovatatius auf den Doctoratus zu sprechen, als er den Sabinus als den ältesten doctor legum bezeichnet, weil er als erster das jus respondendi erhalten habe: et sic hoc beneficium doctoratus ab imperatoribus prestari incepit (S. 233)! Auch die Gegenüberstellung von Gesetzgeber und Arzt (oben S. 50f.) wird in diesen Zusammenhang gehören.

Ganz bezeichnend für Diplovatatius ist es vielleicht, daß er in der Vita des Cornelius Priscianus (S. 262) den Calpurnius (Longinus) als advocatus fisci, sozusagen als seinen Kollegen aus der Antike, anführt. Sonst ist allerdings wohl auch kaum etwas von ihm bekannt.

Gelegentlich (S. 253 Z. 19, S. 264 Z. 31) werden Inschriften erwähnt, ein Zeichen humanistischen Einflusses. Am stärksten von humanistischen Interessen beeinflußt ist die umfangreiche Vita des Justinian. S. 335 erscheint dort zwischen vielen falschen auch die richtige Erklärung des Zeichens FF. für die Digesten (entstanden aus D), was bereits Savigny (a. a. O. III S. 445 g) angemerkt hat. S. 336 wird die mittelalterliche Dreiteilung der Digesten und die Entstehung des Namens Infortiatum, ohne Beibringung neuen Materials oder neuer Gedanken, behandelt und damit eine Frage berührt, die neuerdings durch Kantorowicz (Digestenvulgata §§ 26 ff.; ZSSt. RA. 49 S. 56 ff.) und Kretschmar (ZSSt. RA. 48 S. 88 ff.; Mittelalterliche Zahlensymbolik, 1930) wieder aktuell geworden ist.[17]) S. 346 ff. wird auf die Novellen und auf die heute noch ungeklärte Entstehung des Authenticum ausführlich eingegangen, S. 358 ff. auf Justinians Verbot der Kommentierung und dessen Nichtbefolgung.

In der Vita des Tribonian ist Diplovatatius unbefangen genug, — ähnlich wie schon in der Vita Justinians S. 359 Z. 18 ff. abfällige Urteile über Justinians Gesetzgebung — den bekannten Angriff des Maffeo Veggio (Savigny a. a. O. VI S. 430 ff.) ohne Widerrede anzuführen (S. 365). Vielleicht wäre die Widerrede nicht ausgeblieben, wenn Diplovatatius den liber de claris juris consultis ausgearbeitet hätte, statt ihn im Zustande einer gewaltigen Materialsammlung, sozusagen als riesigen Zettelkasten zu hinterlassen. Es wird sehr interessant sein, dieses nun verewigte Stadium des Entwurfs zu vergleichen mit den fertig ausgeführten drei oder vier Juristenviten, die in Band II zu edieren die Herausgeber uns verheißen (oben S. 40).

Wann wird der zweite Band kommen? Der erste liegt seit zwölf Jahren vor. Kantorowicz und Schulz haben unseren Appetit erweckt, sie müssen ihn auch stillen. Der zweite Band mit den Viten der mittelalterlichen Juristen wird für uns noch interessanter sein als der erste. Die Herausgeber haben bereits — dafür sind wir ihnen zu größtem Dank verpflichtet — einen Teil der Schuld abgetragen, mit der die Rechtswissenschaft seit 150 Jahren bei ihrer eigenen Geschichte zu Buche steht; — keine andere Wissenschaft hätte das Grundwerk ihrer Geschichte so lange ungedruckt gelassen! Unsere Bitte geht dahin, daß sie nun den Rest jener Verbindlichkeit erfüllen, die nicht ihnen allein, sondern allen Jüngern der juristischen Literaturgeschichte oblag, deren Begleichung sie aber übernommen

[17]) Vgl. jetzt auch Juncker, ZSSt. RA. 51 S. 586 ff.

haben, — daß sie uns bald den zweiten Band bescheren. Wenn er wie der vorliegende Band ausfällt, so werden sie nicht nur die erste vollständige und die erste wissenschaftliche Ausgabe des liber de claris iuris consultis geschrieben haben, sondern auf absehbare Zeit die letzte, ein — ungeachtet kleiner Ausstellungen — abschließendes Werk.

Königsberg, Januar 1931. Erich Genzmer.

5. Barion, Hans, Rudolph Sohm und die Grundlegung des Kirchenrechts, Bonner Antrittsvorlesung (Heft 81 der Sammlung Recht und Staat in Geschichte und Gegenwart). Verlag J. C. B. Mohr (Paul Siebeck), Tübingen 1931. 28 Seiten. Preis Mk. 1.80.

Es ist eine eigenartige, wissenschaftsgeschichtliche Situation, die sich für das Kirchenrecht gebildet hat, seitdem Sohm im ersten Bande seines Kirchenrechts (Leipzig 1892) den Satz ausgesprochen hatte, daß das Kirchenrecht mit dem Wesen der Kirche in Widerspruch stehe.[1]) Sehen wir doch gerade in unseren Tagen neben betonten religionsfeindlichen Strömungen ein stark entfaltetes und stark organisiertes kirchliches Leben den Beweis für den anderen Sohmschen Satz von der Notwendigkeit des Kirchenrechts liefern. Die kirchenrechtliche Wissenschaft steht in selten erlebter Blüte; die Forschung für kirchliche Rechtsgeschichte hat sich besonders in Deutschland unter der tatkräftigen Führung von Ulrich Stutz zu bedeutsamen Ergebnissen erhoben und verspricht noch weitere Früchte. Rein praktisch spielt das katholische Kirchenrecht infolge der gesicherten Rechtslage nach dem Codex iuris canonici und in der Konkordatsära, in die wir eingetreten sind, eine bedeutsame Rolle. Die Neugestaltung der deutschen Staatsform nach dem Kriege hat aber auch im evangelischen Lager zu einer Besinnung auf die Grundlagen des evangelischen Kirchenrechts geführt, welche Werke hervorbrachte, wie Günther Holstein, Die Grundlagen des evangelischen Kirchenrechts (Tübingen 1928). Dazu kommt eine Renaissance der katholischen Naturrechtsphilosophie, für die etwa die „Sittliche Rechtslehre" von Emil Erich Hölscher (2 Bände, München 1930) als symptomatisch bezeichnet werden könnte.

[1]) Besonders nachdrücklich wiederholt und erweitert diesen Satz der zweite posthum (München-Leipzig 1923) erschienene Band des gleichen Werkes.

Es liegt wohl mit an dieser Gegensätzlichkeit von Sohms These mit der uns umgebenden kirchlichen Wirklichkeit, daß heute mehr als je jeder denkende Kanonist die Pflicht fühlt, sich mit Sohm auseinanderzusetzen. Tatsächlich ist denn auch gerade in den letzten Jahren eine Reihe von Publikationen zu dieser Frage erwachsen. Wir heben hier hervor: Walter Schönfeld, Die juristische Methode im Kirchenrecht. Eine rechtstheoretische Auseinandersetzung mit Rudolph Sohm. Archiv für Rechts- und Wirtschaftsphilosophie XVIII (1924/25, S. 58ff.), wozu neuestens auch noch die Äußerung Schönfelds in seiner Besprechung von Arthur Dempf Sacrum Imperium ZRG. 19 (1930 S. 684) heranzuziehen wäre, — ferner Günther Holsteins schon erwähntes Werk, ferner E. Foersters Aufsatz „Sohm widerlegt" in Zeitschrift für Kirchengeschichte 48 (1929), S. 324ff., ferner Hölscher, Sittliche Rechtslehre, II, S. 78ff. Der neueste Versuch ist nun Barions Bonner Antrittsrede.[1a])

Barion versucht zunächst die Gründe für die Wirkung der Sohmschen Ideen darzulegen. Er findet sie in der logischen Geschlossenheit seiner Gedanken, in der Ergriffenheit religiöser Überzeugung, mit welcher Sohm seine Thesen vorträgt und in einer gewissen Übereinstimmung mit Zeitanschauungen, welche Religion und Recht reinlich voneinander trennen wollen. Man muß Barion Recht geben, wenn er sagt, daß man Sohm nicht abtun kann, indem man seine kirchenrechtlichen Leistungen lediglich als einen Ausfluß seiner Frömmigkeit und seiner tiefreligiösen Persönlichkeit darstellt. Sohm hat doch auch auf anderen Rechtsgebieten, wie in der deutschen Rechtsgeschichte, im römischen Recht und in der Dogmatik des modernen bürgerlichen Rechts so viel Bleibendes und Wertvolles geschaffen, daß nicht einzusehen ist, weshalb er gerade hier im Kirchenrecht, dem sich seine bedeutende Kraft zuletzt zuwandte, und für das er sich doch auch durch gründliche kirchengeschichtliche Studien vorbereitet hatte, nur stimmungsmäßigen Einflüssen unterlegen haben sollte.

Geschickt und klar faßt Barion S. 13—18 Sohms Grundthesen zusammen. Ganz richtig erkennt er den Ausgangspunkt im

---

[1a]) Hans Eppler, Quelle und Fassung katholischen Kirchenrechts, Zürich 1928, S. V stellt eine größere Untersuchung über Sohms Thesen in Aussicht.

Kirchenbegriff. Der Gegensatz von Kirche im Glaubenssinn und Kirche im Rechtssinn scheint ihm mit Recht die beherrschende Rolle zu spielen. Da aber Sohm in Christi Wort: „Wo zwei oder drei in meinem Namen versammelt sind, da bin ich mitten unter ihnen" die Gleichwertigkeit einer jeden Christenversammlung festgestellt sehe, sei jede Bindung durch eine Rechtskirche gegen die Freiheit des Christenmenschen. Eine solche Bindung stelle aber das Kirchenrecht dar und deshalb stehe es mit dem Wesen der Kirche in Widerspruch.

Die Auseinandersetzung mit Sohms Gegnern S. 18—25, wozu auch die gegen Schönfeld gerichteten Bemerkungen S. 10ff. heranzuziehen sind, führt dann den Gedanken weiter. Und hier können wir dem Verfasser nicht in allem beistimmen.

1. Was zunächst Schönfeld angeht, so ist es u. E. ein Verdienst gewesen, daß einmal das Problem in das hellere Licht der Rechtsphilosophie gerückt wurde; der Mangel an rechtsphilosophischer Überlegung ist es großenteils gewesen, was bei früheren Zustimmungen zu und früheren Angriffen auf Sohm manchmal die rechte Überzeugungskraft nicht aufkommen ließ. Und im Ergebnis berührt sich, wie wir noch sehen werden, Barions Standpunkt mit Schönfeld jedenfalls insoweit, als auch nach diesem das Problem des Kirchenrechts, d. h. die Frage nach dem Wesen des Kirchenrechts eine metajuristische ist, genau so wie das Problem des Rechts metajuristisch, philosophisch ist. Nichts anderes will ja Schönfeld mit dem Satze sagen, daß Sohm Unmögliches von der juristischen Methode verlange.

2. Barion erwähnt ferner den methodologischen Einwurf von Stutz, daß Sohm historische Tatsachen teilweise gewaltsam in sein Schema eingepreßt habe. Hier muß man zum Beispiel doch bei Sohms „Das altkatholische Kirchenrecht und das Decretum Gratiani" (Wach-Festschrift, 1918) zugeben, daß Sohm, gewiß optima fide und mit glänzender Darstellungsgabe, doch den Grundgedanken Gratians nicht zutreffend charakterisiert hat. Das Dekret sollte mehr sein als eine bloße Sakramentenlehre, wie das Sohm behauptet. Hier hat Stutz in seiner bekannten Rezension ZRG.[3] 8 (1918) S. 238ff. doch ganz richtig gesehen (vgl. auch F. Gillmann, Einteilung und System des Gratianischen Dekrets, Arch. kath. K.R. 106 [1926]).

3. Daß die rechtslogischen Einwände gegen Sohm nicht so stichhaltig sind, mag man Barion zugeben.

Was zunächst den einen Punkt anbetrifft, so hat tatsächlich Sohm selbst die Richtigkeit seiner These nicht davon abhängig gemacht, daß man die Erzwingbarkeit als wesentliches Merkmal des Rechts und also auch des Kirchenrechts ansehe und man kann daher nicht sagen, daß er hier von falschen logischen Voraussetzungen ausgegangen sei.

Und wenn andererseits Sohm trotz seiner Grundthese vom Widerspruch des Kirchenrechts gegen das Wesen der Kirche die Notwendigkeit des Kirchenrechts hervorhebt, so weiß jeder, der sich mit Sohm befaßt hat, daß das genau genommen heißen sollte: Das Recht der Kirche im Rechtssinn steht mit dem Wesen der Kirche im Glaubenssinn in Widerspruch, ist aber eine historische Notwendigkeit. An der Verwirrung freilich, welche die tatsächlich von Sohm gewählte Formulierung in den Köpfen angerichtet hat, ist er selbst nicht ganz unschuldig. Denn wenn, wie in seiner Grundthese zwei verschiedene Kirchenbegriffe verwendet sind, so stimmt das doch nicht überein mit den Grundsätzen einer genauen wissenschaftlichen Terminologie.

4. Der Berechtigung der rechtssoziologischen Kritik von seiten Harnacks und Troeltschs, die übrigens auch von Schönfeld gebilligt wird, scheint uns Barion dagegen nicht ganz gerecht zu werden. Denn wenn Sachkenner vom Range dieser Persönlichkeiten zu dem Ergebnisse gelangen, daß bei Sohm die Kirche allzu sublim als metaphysische Idee aufgefaßt werde, so hat diese Konfrontierung von Sohm mit der Wirklichkeit schon ihre gute Berechtigung, — aus der Geschichte heraus, aber auch vom Gegenwartsstandpunkt aus. Mag sein, daß Sohm auch diese Konsequenz, daß die rechtliche Geschlossenheit der Kirche unnütz und schädlich sei (Barion S. 20) mit in Kauf genommen habe; dann bleibt das doch jedenfalls eine subjektive Einstellung von ihm, gegen welche objektive soziologische und historische Tatsachen — übrigens auch rechtspolitische Erwägungen — sprechen. Man muß sich doch fragen, ob es einen Sinn hat, einen so erhabenen Kirchbegriff aufzustellen, daß er mit der Tatsächlichkeit, mit der realen Erscheinung der Kirche nichts mehr zu tun hat.

Unwillkürlich wird man an die weisen Worte des Gerichtsrats in Goethes „Natürlicher Tochter" (IV, 2) erinnert.

In abgeschlossenen Kreisen lenken wir,
Gesetzlich streng, das in der Mittelhöhe
Des Lebens wiederkehrend Schwebende.
Was droben sich im ungemessnen Raum
Gewaltig seltsam hin und her bewegt, . . .
Das wird nach anderm Maß, nach andrer Zahl
Vielleicht berechnet, bleibt uns rätselhaft.

Es ist mehr als eine deductio ad absurdum, mehr als ein polemischer, logischer Kunstgriff, was Harnack und Troeltsch, die doch ernsthaft mit dem Problem gerungen haben, veranlaßt hat, hier Sohms Ideologie und die Tatsachen einander gegenüberzustellen. Barion gibt selbst zu, daß wenn man Sohms Gedanken durchführt, die einzelne Christengemeinde keine Kirche, sondern nur noch eine Sekte wäre. Nur meint er, mit dieser soziologischen Möglichkeit der Sekte werde das christliche Gemeinschaftsleben nicht aufgelöst.[2] Dann fährt er fort (S. 21): das — nämlich die Tatsache des Weiterbestehens der Christengemeinschaft auch bei Sektenwesen — sei der Beweis dafür, daß Sohms Kirchenbegriff soziologisch sehr wohl möglich sei. S. 22 lesen wir nun aber „Der Fehler ihrer Argumentation" — gemeint sind Harnack und Troeltsch, welche christliches Gemeinschaftsleben ohne rechtliche Bindung für unmöglich erklären — „liegt darin, daß die vom Standpunkte Sohms aus vorhandene Möglichkeit, daß ein jeder sich seine eigene Kirche zurechtmacht, eben nur eine logische, aber keine soziologische Möglichkeit ist." In der Wirklichkeit zeige sich im Gegenteil immer wieder, daß dem Einzelnen, der eine eigene Auffassung des Christentums vertrete, eine mehr oder minder große Masse entspreche, die ihm folge. D. h. doch mit anderen Worten: Sohms Kirchenprogramm führt zur Atomisierung der christlichen Gemeinschaft (= nach Sohm Kirche) in Sekten. Das wird einesteils als soziologische Möglichkeit dargestellt. Die Konsequenz dieses Kirchenprogramms, eben diese

---

[2]) Aber es sei eine Bemerkung gestattet — auch Barion will ja keine Apologie der Sekte schreiben — das christliche Gemeinschaftsleben ist heute, wenn wir nur Deutschland ins Auge fassen, trotz der Anstrengungen der großen Kirchen ganz ernsthaft gefährdet und von einer Existenz christlichen Gemeinschaftslebens in Europa kann man doch kaum mehr sprechen.

Atomisierung, bedeute aber doch nur eine logische, keine soziologische Möglichkeit.

Das ist — wir können nicht umhin, das auszusprechen — doch das genaue Spiegelbild von Sohms Thesen: Das Kirchenrecht steht mit dem Wesen der Kirche in Widerspruch, es ist aber notwendig.

Und wie bei Sohm der zweite Satz richtig ist, so ist er es auch bei Barion. Die Atomisierung der Kirche in Sekten ist eben soziologisch unmöglich; wenn erst nur noch lauter Sekten existieren, gibt es keine Kirche mehr und darum ist u. E. Kirchenrecht notwendig.

So können wir also Barion nicht zustimmen, wenn er Sohms Ergebnisse als soziologisch unangreifbar hinstellt.

5. Ferner scheint uns aber auch, daß Holstein richtig gesehen hat, wenn er sagt, die Geistkirche müsse die Begrenzung der Rechtskirche bilden und nicht umgekehrt. Gewiß ist es ein Problem, wo diese Grenzlinie zu ziehen ist. Aber das ist eine Frage, die praktisch gelöst werden muß und tatsächlich praktisch gelöst wird. Tatsächlich verpflichtet ja die Ordnung der Geistkirche und die der Rechtskirche auf gemeinsamer Plattform pro foro conscientiae. Wir vermögen keine Minderung der Freiheit des Christenmenschen darin zu sehen, wenn die Ordnung der Rechtskirche dann auch noch pro foro externo akzeptiert wird. Denn wenn man in freier sittlicher Entschließung die einheitliche Ordnung der Geist- und Rechtskirche im Gewissen angenommen hat, so liegt es in der Konsequenz dieser frei gewonnenen christlichen Überzeugung, auch die Geltung der auf das Gemeinschaftsleben bezüglichen Sätze anzunehmen. Mit andern Worten: die Freiheit des Christenmenschen darf nicht zu einer Behinderung seiner Freiheit führen, wenn er glaubt, in einer der vorhandenen Kirchen am besten seinem religiösen Bedürfnis entsprechen zu können.

Denn um der Kirchenlehre willen ist das Kirchenrecht da. Mag Sohm in dieser Bindung subjektiv eine unerträgliche Gewissensbelastung sehen, objektiv steht es damit doch in einem gewissen Sinne ähnlich, wie mit der staatlichen Rechtsordnung, die wir ja auch von einem höheren Standpunkt aus um einer Kulturüberzeugung willen innerlich billigen, weshalb wir uns auch dem rechtlichen Zwange fügen.

So kann es also u. E. nicht mit Barion als ausgemacht gelten, daß Sohms Grundprinzipien logisch und soziologisch unangreifbar sind. Bei Unterstellung der Sohmschen Prämisse von der Freiheit des Christenmenschen für sich seine Sekte zu gründen, ist sein System zwar geschlossen, aber es erträgt, weil sozusagen in künstlich-luftleerem Raume aufgebaut den Ansturm der historischen Tatsachen nicht. Andererseits kann man, auch wenn man das Gewicht der gegen Sohm vorgebrachten Argumente voll würdigt, sehr wohl dem Ergebnis Barions zustimmen: „Der Aufbau des Kirchenrechts verlangt die Hand des Juristen, seine Grundlegung kann nur der Theologe bringen". M. a. W., das Problem der Grundlegung des Kirchenrechts ist kein juristisches Problem, sondern ein metajuristisches. Und es liegt im Wesen des Rechts der Kirche begründet, daß dieses metajuristische Problem genauer als ein theologisches umschrieben werden muß. Denn Barion sagt richtig: „Der Glaube bestimmt den Kirchenbegriff, der Kirchenbegriff bestimmt das Kirchenrecht." Nun steht der Begriff der Glaubenskirche in innigstem Zusammenhang mit den Begriff der Rechtskirche; die Glaubenskirche ist die Idee, die Rechtskirche ihre Verwirklichung. Zur Ermittelung des Wesens der Glaubenskirche ist aber nur die Theologie fähig. Gerne wird die Kanonistik der Theologie diese Aufgabe zuerkennen; nur muß man die Kanonistik dann eben auch in ihrem Sattel gelten lassen. Sie erfüllt ganz eigentlich ihre Aufgabe, wenn sie im Bereich der Rechtskirche auch mit juristischer Methode ordnend vorgeht. Denn auch das Kirchenrecht ist Recht und muß mit juristischer Methode gedacht werden. Die Eigenart der kanonistischen Methode besteht darin, daß, während im weltlichen Recht das Ideal einer richtigen Beziehung von Mensch zu Mensch zur Gemeinschaft die letzte Finalität darstellt, solche Finalität für das Kirchenrecht nur ein Durchgangspunkt ist und daß dahinter noch das Ideal der richtigen Beziehung des Menschen zur Gottheit steht. Und wie richtig aufgefaßt das Naturrecht den heute teilweise rechtspositivistisch überspitzten Geltungsanspruch des gesetzten Rechts in Schranken zu halten berufen ist, so muß die Ordnung der Geistkirche Schranke sein für die Ordnung der Rechtskirche. Das hat im katholischen Kirchenrecht jedenfalls seinen Ausdruck darin gefunden, daß göttliches Recht vor allem anderen Rechte zu gehen hat.

München. Privatdozent Dr. E. Wohlhaupter.

6. Posch, Andreas, Die „Concordantia catholica" des Nikolaus von Cusa. (Görresgesellschaft, Veröffentlichungen der Sektion für Rechts- und Staatswissenschaft, Heft 54), Paderborn, Ferdinand Schöningh, 1930, 210 Seiten.

Eine neuere Bewegung der Rechtspolitik, der sogenannte Pragmatismus (Wilhelm Glungler, Rechtsschöpfung und Rechtsgestaltung, 5. Aufl., München 1930), sieht in einer synthetischen Vereinigung und Überwindung des statisch-konservativen und des dynamisch-revolutionären Denkens Ziel und Weg einer künftigen Rechtspolitik vorgedeutet. Nicht in jener öden Hyperkultur des positiven Rechts, bei welcher sich nur allzu oft „Gesetz und Recht wie eine ewige Plage fortschleppen", nicht in dem Erstreben von utopischen rechtspolitischen Idealen, die zu schön sind, um jemals volle Wirklichkeit werden zu können, liegt das Heil. Aus den Notwendigkeiten der Zeit heraus in freier, von großen Gesichtspunkten getragener Tat dem vielgestaltigen Inhalt des Lebens durch die Norm die geprägte Form zu geben, das ist der Sinn dieser pragmatischen Idee.

Unwillkürlich drängte sich die Erinnerung an diese modernen Sätze in uns auf, als wir uns dem Studium des angezeigten Buches über Nikolaus Cusanus widmeten. Denn Cusanus ist ein Geist, der das Statische und Dynamische seiner Zeit ganz erkannt und beides in intensivster geistiger Anstrengung in sich aufgenommen und zu selbständiger Überzeugung gestaltet hat. Die Synthese aber, welche die großen geistigen Bewegungen der Zeit im Denken des Cusanus erfahren haben, mutet an wie eine frühe Verwirklichung des pragmatischen Ideals.

Cusanus ist ein zu guter Jurist — seit 1424 ist er decretorum doctor (Posch S. 16) — und Historiker, um nicht den Wert der kirchen- und staatsphilosophischen Grundlagen zu erkennen, die er bereits in seiner Zeit vorfand. Und wo es ihm richtig erscheint, tritt er sogar ein für die Erhaltung und Sammlung alten Rechts. So wünscht er die territorial zersplitterten deutschen Volksrechte und Weistümer in einem einheitlichen Gesetzbuch vereinigt und zur Grundlage eines gemeinen deutschen Rechts gemacht zu sehen (Posch S. 201). Hier öffnen sich weite Horizonte. Vielleicht wäre, wenn man diesem Vorschlage Gehör geschenkt hätte, dem deutschen Rechte ein langer Irrweg durch eine jedenfalls volksfremde romanistische Rechtskultur erspart geblieben. So hat erst die germanistische Arbeit des 19. Jahrhunderts den gesunden und heute noch nicht überlebten mittelalterlichen Gedanken des deutschen Rechts wieder etwas zu ihrem Rechte verhelfen können.

Ein anderes Beispiel für ein gesundes konservatives Denken bei Cusanus. Er erweist sich in seiner Concordantia catholica als entschiedener Anhänger der konziliären Theorie; allein er zeigt dann doch auch wieder Verständnis für die historisch gewordene Stellung und Bedeutung Roms, dem er vor allem im Interesse der kirchlichen Einheit eine erweiterte Exekutivgewalt zugestehen will (Posch, S. 143). Später hat er ja, von den praktischen Ergebnissen der konziliären Souveränität mit Recht enttäuscht, überhaupt eine Wandlung in seiner Stellungnahme vollzogen (Posch, S. 16ff. u. S. 35f.). Unser Verfasser betont aber, daß man endlich aufhören sollte, Cusanus daraus einen Vorwurf zu machen; seine Motive sind gewiß keine unedlen, vor allem keine eigensüchtigen gewesen (S. 36).

Wenn die eben angedeuteten Tatsachen das statische Moment im Denken des Cusanus hervorheben, so ist andererseits diese Persönlichkeit doch wieder in eminenten Sinne von der gewaltigen Dynamik ihrer Zeit erfaßt. Geht es doch um die Grundlagen von Staat und Kirche. Arthur Dempf, Sacrum Imperium (München, Berlin, 1929) hat uns jetzt wieder in großer Schau ein Bild dieses gewaltigen Kampfes vermittelt (vgl. S. 399ff., besonders S. 527ff. des zitierten Werkes).

Marsilius von Padua hatte am Anfang des 13. Jahrhunderts das Prinzip der Volkssouveränität statuiert, einen Gedanken, für den wir freilich in grundlegenden germanischen Staatsauffassungen Anknüpfungspunkte unschwer erkennen können (vgl. Fritz Kern, Gottesgnadentum und Widerstandsrecht, Leipzig 1914, Derselbe, Recht und Verfassung, Historische Zeitschrift Bd. 120 (1919) S. 6ff.; vgl. auch Posch, S. 94). Das Prinzip der Volkssouveränität, vom Staatspolitischen ins Kirchenpolitische übersetzt, das ist die konziliäre Theorie, deren Werden Posch (S. 36ff.) ausgezeichnet schildert. Cusanus kann und will sich dieser großen Idee, die ja in dem kirchenpolitischen Dilemma der Zeit einzig und allein noch einen Ausweg eröffnete, nicht entziehen. Aber, indem er sie übernimmt, vertieft er sie durch „die konsequente Durchführung des Gedankens von der Notwendigkeit des Konsenses der gesamten Christenheit zu kirchlichen Maßnahmen von allgemeiner Bedeutung" (Posch, S. 55) und sofort sieht er auch, daß an das Hauptproblem: Von wo kommt die Staats- und Kirchengewalt? sich unmittelbar die Frage anschließt: Wie wird sie repräsentiert, wenn die staatliche oder kirchliche Gemeinschaft als solche und in ihrer Gesamtheit als Ausgangspunkt ermittelt ist? Unter phänomenologischen Gesichtspunkten hat neuestens Gerhard Leibholz (Das Wesen der Repräsentation unter besonderer Berücksichtigung des Repräsentativsystems, Leipzig 1929) die fundamentale Bedeutung des Repräsentationsproblems herausgestellt.

Das ist nun das Große an Cusanus, an diesem Manne, der in seinem Zeitalter eigentlich auf einsamer geistiger Höhe steht — man vergleiche auch die Würdigung bei Posch, S. 18 —, daß er die neuen Ideen seiner Zeit nicht zu Tode hetzt, indem er ihre Verwirklichung zur letzten Konsequenz anstrebt, sondern daß er, Historiker, Jurist, Erfahrungsmensch, der er ist, die wertvollen Gegebenheiten der Vergangenheit und die großen Ideen der Zukunft in seiner Gegenwart zu einem brauchbaren — man wird den Ausdruck verzeihen — pragmatischen System der Kirchen- und Staatspolitik verbindet, welches das Beste aus der Statik und Dynamik des Jahrhunderts in sich aufgenommen hat. Cusanus ist kein weltfremder Theoretiker, er kennt die Grundlagen und die Forderungen seiner Zeit und sucht den Weg für das Neue zu schaffen ohne wertvolles Altes zu zerstören (treffende Bemerkungen darüber bei Posch, S. 24 u. 59; man vgl. auch die Distanzierung gegenüber Marsilius S. 43 Anm. 3 und Dempf, Sacrum Imperium S. 549).

Die Beispiele für diese Behauptung treten auch im Buche von Posch schön hervor. Wir haben erwähnt, daß Cusanus, ausgehend vom Prinzip der menschlichen Freiheit, die Herrschaftsgewalt in Staat und Kirche auf die freiwillige Anerkennung und Unterwerfung unter den Oberen, also auf den Konsens der Gesamtheit gründet (Posch, S. 93). Aber doch gibt dieser Konsens nur die Herrschaftsgewalt in potentia, also nur ein ius ad rem, nicht die Herrschaft in actu, das ius in re, das nur durch Gott verliehen werden kann. Einer gefährlichen Konsequenz der Lehre von der Volkssouveränität und der konziliären Theorie war damit vorgebeugt, nämlich der Mißachtung aller gesetzlichen Autorität.

Im Zwiespalt historisch-positiven Rechtes und des Naturrechtes, den Cusanus, wie wenige in seiner ganzen Tragweite erfühlt haben mag, findet er den Weg mittels der aristotelischen Epikie, der aequitas. Es ist für denjenigen der für geistesgeschichtliche Dinge Verständnis hat, merkwürdig genug zu sehen, wie hier dieser Begriff der Epikie zu einem Angelpunkt im ganzen Kampfe um das abendländische Schisma wird (vgl. Posch, S. 92 Anm. 4). Es war freilich die typische Epikie-Situation. Das positive Recht besonders des Corpus juris canonici, das ja im übrigen der aequitas canonica weitgehenden Spielraum gewährte — versagte angesichts der Notwendigkeiten der Kirche; es war unzulänglich geworden. Allein das Naturrecht gab Anhaltspunkte und hier mußte also jene „correctio legis, in quo (lex) propter universalitatem deficit" eintreten, als welche die Epikie in jener Zeit definiert wurde. In der Entwicklung der konziliären Theorie hat sie schon die größte Rolle gespielt (Posch S. 42, 46 f., 48 Anm. 5, 51, 54 f.). Diesen älteren, teilweise etwas schematischen Anwendungsversuchen der Epikie gegenüber stellen die Gedanken des Cusanus darüber zweifellos einen Fortschritt dar, weil bei ihm eben noch mehr von den großen naturrechtlichen Ideen der Zeit, besonders der Konsensgedanke hineinverwoben ist (Posch, S. 92 ff.). Wir würden aber nicht mit Posch (S. 55) sagen, daß hier die Epikie nicht mehr genügt habe, sondern würden vielleicht so formulieren, daß sie bei Cusanus eben eine höhere Stufe erreicht habe.

Übrigens anerkennt Cusanus den Papst und den princeps als Träger der Epikiegewalt (Posch, S. 134, 145, 177).

Es mag dem Leser vielleicht scheinen, daß wir etwas eigenwillig mit dem Stoffe des Buches von Posch vorgegangen seien. Wir möchten das aber nur als Beweis dafür gewertet wissen, wie notwendig — und deshalb wie verdienstvoll von seiten des Verfassers — es war, die bedeutenden staats- und kirchenpolitischen Ideen des genialen Denkers Nikolaus von Cusa einmal in größerem Zusammenhange darzustellen. Neben einer älteren Arbeit von Stumpf

(Die kirchenpolitischen Ideen des Nikolaus von Cusa, Köln 1865) haben sich nämlich von den Neueren nur G. Hugelmann durch seinen Aufsatz: Die Concordantia catholica des Nikolaus von Cusa, Wien 1913 und neuestens G. Kallen durch die Faksimileausgabe der Concordantia (Bonn 1928) Verdienste auf diesem fruchtbaren Arbeitsgebiete erworben. Nicht mit Unrecht beklagt auch Dempf (S. 558), daß wir von Cusanus immer noch keine kritische Gesamtausgabe haben.

Posch hat die große Aufgabe, die er sich gestellt hatte, gelöst. Er kennt die geistige Umwelt des Cusanus ausgezeichnet und zwar nicht nur aus der Literatur, sondern unmittelbar aus den Quellen. Das zeigen die Einleitungskapitel über Cusanus Leben und Bedeutung, über die Entstehung und den Charakter der Concordantia, über die Stellung des Cusanus auf dem Konzil von Basel und über die Entstehung der konziliären Theorie. Das System der 1432—1433 geschaffenen Concordantia, „dieses letzten, genialen Versuchs, das mittelalterliche Gedankensystem in neuer Verjüngung vorzuführen" (Gierke, Genossenschaftsrecht III, S. 501), den man nicht zu Unrecht mit der Staatslehre Thomas von Aquins und mit Dantes Monarchia in Parallele gesetzt hat, baut sich in 3 Teilen auf: Der erste behandelt die hierarchischen Ordnungen der Kirche und der Seele als Emanationen der dreifachen Harmonie der Trinität, der zweite die Lehre vom allgemeinen Konzil, der dritte die Staatsverfassung des Deutschen Reichs. So schreitet auch Posch in seiner Darstellung, die natürlich auch die anderen einschlägigen Schriften des Cusanus verwertet, vom Allgemeinen fort zum Besonderen, behandelt zunächst Weltbild und Kirchenbegriff des Cusanus (Kap. 4), dann in Kap. 5—14 die kirchenpolitischen und dann in den hoch interessanten Kapiteln 15—17 die staatspolitischen Ansichten des Cusanus, um schließlich noch seine Stellungnahme in der Frage des Verhältnisses der beiden Gewalten zueinander zu charakterisieren (Kap. 18).

Diese sinnvolle Anordnung des Stoffes, die wirklich von ernsthafter Befassung zeugende Aufweisung der Zusammenhänge, Zurückführung der Einzelheiten auf die großen Grundgedanken, die geschickte Darstellung machen die Lektüre des Buches nicht nur zu einer Notwendigkeit — das ist sie für jeden, der sich mit einschlägigen

Fragen zu befassen hat —, sondern auch zu einer geistigen Freude. Und nicht einmal zeitgemäßer Gedanken kann man sich erwehren. Heute sind teilweise durch ein mißverstandenes Prinzip der Volkssouveränität und infolge der Mißachtung des prinzipiellsten Inhaltes der Repräsentation Situationen geschaffen, die so stark an die geistige Verwirrung erinnern, welche das frühe Auftreten dieser Ideen am Anfang des 15. Jahrhunderts gebracht hat. Da ist einem jenes mannhafte Wort des Cusanus wie aus der Seele geschrieben: „Ignis inflammescat magnus, qui devoratis exorbitantiis reductaque in terreno imperio aequitate legali fortitudinem imperii clarescere faciet cum perpetuo augmento." (Concordantia catholica III, 41).

München.

Privatdozent Dr. E. Wohlhaupter.

III.

Bürgerliches Recht.

1. Siber, Heinrich, o. Prof. der Rechte in Leipzig: Grundrisse zu Vorlesungen über Deutsches bürgerliches Recht. Band V: Erbrecht mit Berücksichtigung des Erbschaftssteuerrechts. 1928. VI, 178 S. Gr. 8°. Steif geheftet M. 5.—.

Der Verfasser bezeichnet es in seinem Vorwort als zweifelhaft, ob sein Buch noch den Namen „Grundriß" verdient. In der Tat kommt es darauf an, was man unter einem solchen versteht. Setzt man sich in einem „Grundriß" die Aufgabe, die sozialpolitischen und rechtssystematischen Grundgedanken eines Rechtsgebietes darzustellen, was selbstverständlich nur auf ideengeschichtlicher Grundlage und heute auch nicht mehr ohne — auf die großen Grundsätze beschränkte — Rechtsvergleichung geschehen kann, so ist das Sibersche Buch kein Grundriß. Dazu bringt es einerseits zu wenig, andererseits zu viel. Zu wenig, weil Siber bewußt darauf verzichtet, die großen sozialpolitischen Probleme, die mit dem Erbrecht verknüpft sind (ich habe in meiner Kommentierung des Art. 154 RV. in dem von Nipperdey herausgegebenen Sammelwerk versucht, sie in ihrer geschichtlichen Bedingtheit darzulegen), wie auch die rechtssystematischen Grundlagen des Erbrechts, die nur von dem Begriffe des „Vermögens" in seiner Beziehung zu der menschlichen Persönlichkeit aus gewonnen werden können, zu erörtern. Zu viel, weil er, wenn auch oft in gedrängter Kürze, das gesamte gesetzliche Normengebiet des Erbrechts, im einzelnen auch mit rechtsvergleichenden Hinweisen, behandelt, also auch solche Teile, die für die Kenntnis der grundsätzlichen rechtlichen Zusammenhänge weniger Bedeutung besitzen. Ein „Grundriß" ist also das Sibersche Buch nur in diesem letzteren Sinne: eine auf wissenschaftlicher Durchdringung und absoluter Stoffbeherrschung ruhende, zwar kurze, aber doch erschöpfende Darstellung des gesetzlichen Materials, belebt durch treffende Beispiele und durch Verweisungen auf die Rechtsprechung und das monographische Schrifttum.

Ich persönlich bedauere, vom pädagogischen Standpunkte aus, daß Siber die rechtspolitische Problematik, die gerade im Erbrecht besonders wichtig und interessant ist, in den Hintergrund treten läßt und auch in der Einzeldarstellung auf die konstruktive Form der Rechtseinrichtungen mehr Gewicht legt als auf ihren funktionellen Zweck. Auch im Rahmen eines Grundrisses läßt sich zeigen, daß die rechtlichen Formen bestimmten sozialen Zwecken dienen und in ihrer rechtstechnischen Ausgestaltung durch diese bedingt sind. Die logische Schärfe und Folgerichtigkeit der juristischen Konstruktion braucht darunter nicht zu leiden, mag auch durch die teleologisch-funktionelle Betrachtung der Raum für die dogmatischen Streitfragen hie und da etwas verengt werden. So subtil z. B. die Ausführungen Sibers über den Testamentsvollstrecker und den Nachlaßpfleger, insbesondere über die juristische Abstempelung ihrer Rechtsstellung nach außen (S. 71ff., 109f.) sind, — die eigenartige Konstruktion einer „organisierten Testamentsvollstreckung" und „Nachlaßpflegschaft" als „juristischer Halbperson" halte ich nicht für nötig — oder über die Nacherbfolge (S. 50ff.) oder über das Pflichtteilsrecht (S. 76ff.), so hätte doch die Darstellung zweifellos, gerade für das Verständnis des Studierenden, gewonnen, wenn er die Zweckbestimmung dieser Rechtsinstitute im Gesamtrahmen der Erbfolge stärker betont hätte. Daraus hätte sich dann auch hier wie an anderen Orten eine andere Anordnung des Stoffes ergeben. Auch die Funktionen des Erbscheins, dessen praktische Wichtigkeit im Rechtsleben vielleicht noch stärker hätte unterstrichen werden können, treten klarer hervor, wenn man seine spezifischen Aufgaben, am besten im Vergleich mit denen des Grundbuchs, an die Spitze stellt und daraus die gesetzlichen Bestimmungen sowohl über seinen Inhalt wie über seine Wirkungen ableitet. Insbesondere aber scheint mir, von diesem Gesichtspunkte aus betrachtet, die Darstellung der Haftung des Erben für die Nachlaßverbindlichkeiten, so fein- und scharfsinnig ihr Aufbau ist (S. 129ff.), unter der Vorherrschaft der rechtstechnischen Form zu leiden. Es wird dem Studierenden schwer werden, hinter diesen konstruktiven Rechtsfiguren zu erkennen, welche bedeutungsvolle und verantwortungsschwere Rolle die Frage der Erbenhaftung für das praktische Leben spielt. Hier wäre eine kurze rechtspolitische Betrachtung am Platze gewesen, und ebenso hätte die Stoffanordnung an Übersichtlichkeit, das Detail an Lebendigkeit gewonnen, wenn der Verfasser mehr auf die Zwecke der einzelnen Einrichtungen abgestellt und ihr Funktionieren im Rechtsleben gezeigt hätte. Aber auch konstruktiv halte ich die grundsätzliche Auffassung Sibers nicht für zutreffend, — so oft im einzelnen seine Ergebnisse mit den von mir in „Erbfolge und Erbenhaftung" vertretenen übereinstimmen. Die von Siber schon in seinen Vorbemerkungen zum Schuldrecht des Planckschen Kommentars S. 34ff. vorgenommene Zerlegung der Pflichtstellung des Erben in drei „Haftungen": eine „schuldnerlose Schuld" des Nachlasses, eine Verwalterpflicht des Erben zur Befriedigung aus dem Nachlasse und eine persönliche Schuld des Erben, — ist eine durch die gesetzlichen Bestimmungen nicht gerechtfertigte weitere Komplizierung des ohnehin übermäßig verwickelten Normenbildes. Ich glaube, daß die von mir vertretene Auffassung, daß die normale Pflichtstellung des Alleinerben sich in nichts von der eines gewöhnlichen Schuldners unterscheidet und erst dadurch, daß die zur Verfügung gestellten Maßnahmen sei es nur zur Haftbeschränkung, sei es zur vollen Nachlaßsonderung ergriffen werden, eine mehrfache Modifikation erleidet, ein der gesetzlichen Regelung konformeres wissenschaftliches Bild ergibt.

Aber ungeachtet dieser Einwände ist die Sibersche Darstellung des Erbrechts das Musterbild einer klaren und scharfsinnigen, in jeder Einzelfrage wissenschaftlich selbständigen und zum Nachdenken anregenden Arbeit. Auch dem Studierenden bietet sie, besonders als Grundlage einer sie ergänzenden Vorlesung, einen wissenschaftlich geformten und durchgearbeiteten Stoff und eine glänzende Schulung des juristischen Denkens. Besonders verdienstvoll ist die Hineinarbeitung des Erbschaftssteuerrechts, dessen wichtigste Bestimmungen den einzelnen materiell-rechtlichen Instituten angegliedert werden, so daß durch die oft abweichende Eigenart der steuerrechtlichen Betrachtung die privatrechtliche Normierung in um so schärferes Licht tritt. Daß ich den Ergebnissen Sibers nicht überall zu folgen vermag, tut dieser Wertung keinen Abbruch und beruht auf grundsätzlicher Verschiedenheit in der Auffassung der Erbfolge. Nur eine Bemerkung möchte ich mir zu dieser gestatten: ich bin nicht Anhänger des Justinianischen Unsterblichkeits- und Identitätsmystizismus (Siber S. 4 Note 7), sondern habe ihn ausdrücklich abgelehnt. Wenn ich die Gesamtheit der Wirkungen, die unter dem Namen „Erbfolge" zusammengefaßt werden, nicht aus dem bloßen Übergange des „Vermögens" erklären zu können glaube, — worin Siber mir zustimmt (S. 4, 129/130) —, so scheint es mir Aufgabe der juristischen Dogmatik zu sein, für diese umfassenderen Rechtswirkungen einen adäquaten wissenschaftlichen Ausdruck zu finden. Als solchen habe ich den Eintritt des Erben in die gesamte nicht höchstpersönliche Rechts- und Pflichtstellung des Erblassers oder auch die Übertragung der konkreten für das Rechtsleben des Erblassers maßgebenden Normen auf das des Erben bezeichnet. Das ist aber, wie ich in meinem Beitrage zu der Reichsgerichts-Festschrift Bd. III S. 216ff. gezeigt zu haben glaube, etwas anderes als die mystizistische „Seelenwanderungstheorie im juristischen Gewande", als die Endemann (Lehrbuch III 1 S. 33) mit Recht jene Vorstellung Justinians und der gemeinrechtlichen Wissenschaft charakterisiert hat.

Halle a. S. Gustav Boehmer.

IV.

Strafrecht.

1. Das Ergebnis der vom englischen Parlament angeordneten Untersuchung der Befugnisse und Pflichten der Kriminalpolizei.

Seit der im Jahre 1641 erreichten Abschaffung der Sternkammer, welche befugt war, Personen eidlich zu verhören und foltern zu lassen, mochten sie einer strafbaren Handlung beschuldigt sein oder nicht, gilt in England als Satz des ungeschriebenen Rechts, daß kein Vertreter der Krone, unter Einschluß der Militärbehörden und der Polizei, einen Untertan, mag er verhaftet sein oder nicht, zur Beantwortung von Fragen zwingen oder zur Beantwortung von Fragen durch Drohungen oder andere Mittel veranlassen darf. Dieser Satz gilt heute mit nur einer Ausnahme, welche auf Gesetz beruht. Die in den Jahren 1911 und 1920 zum Schutz der Amtsgeheimnisse erlassenen Gesetze ermächtigen die Polizei, bei Untersuchung der in diesen Gesetzen mit Strafe bedrohten Handlungen alle Personen zur Erteilung von Auskunft zu zwingen. Nicht mehr in Kraft steht die Verordnung 53, welche während der Kriegsjahre alle Personen verpflichtete, einer Vorladung Folge zu leisten und Fragen zu beantworten. Versuche, sich über den nahezu 300 Jahre alten Satz hinwegzusetzen, wurden bereits in früheren Zeiten gemacht. Bevor das Amt des Direktors der öffentlichen Strafverfolgungen geschaffen wurde, befaßte sich das Schatzamt mit Strafverfolgungen. In einem Falle forderte das Schatzamt eine Person auf, zur Beantwortung von Fragen zu erscheinen. Ihr Anwalt antwortete, in seiner Begleitung werde sein Klient der Vorladung gern Folge leisten. Das Schatzamt teilte darauf dem Anwalt mit, falls er die Zwecke der Justiz nicht fördern wolle, könne sein Klient nicht dazu gezwungen werden. Die Versuchung, den alten Satz unbeachtet zu lassen, ist in letzter Zeit noch stärker geworden. Die Gründe gab eine englische Wochenschrift (Manchester Guardian Weekly v. 25. Mai 1928) richtig und vollständig mit folgenden Worten wieder:

„Für die Freiheit des Untertans hat die Bevölkerung unserer Insel mit großer Wachsamkeit und Entschlossenheit gekämpft. Ist es möglich, daß unsere Wachsamkeit in letzter Zeit etwas nachgelassen hat und daß dieser Rückfall von den Exekutivbehörden ausgenutzt wurde? Bejahendenfalls läßt sich selbst aus den Gewohnheiten der Kriegsjahre, in denen wir viele Beschränkungen unserer lex non scripta-Rechte hinzunehmen hatten, nicht vollständig erklären, weshalb wieder neuerdings die alte englische Wachsamkeit nachgelassen hat. Die zum Schutz der Amtsgeheimnisse erlassenen Gesetze haben vorbereitende Vernehmungen gerade der Art gestattet, welche nach der lex non scripta unerlaubt ist. Allerdings dürfen die Vernehmungen nur in den unter diese Gesetze fallenden, besonderen Fällen vorgenommen werden. Das Anwendungsgebiet ist immerhin ziemlich groß; auch sind diese gesetzlichen Vorschriften von einigen wachsamen Juristen bitter kritisiert worden. Hat man ferner nicht den natürlichen Trieb zum Widerstand auf der ganzen Linie geschwächt, als man der Exekutivgewalt gestattete, in einem Falle gesetzliche Befugnisse dieser Art zu erwerben? Zwecks Vorbereitung einer Strafverfolgung, welche ein Amtsgeheimnis betrifft, ist die Polizei heute gesetzlich ermächtigt, zu durchsuchen und zu verhören, wen sie will. Besteht nicht eine Gefahr, daß ein gesetzlich für eine Art von Fällen erlaubtes Verfahren auch in anderen Fällen angewendet wird? Wir wissen jedenfalls, daß die Polizei sehr streng mehrere Personen verhört hat, welche keine Ahnung davon gehabt haben können, daß sie voll berechtigt waren, die Fragen überhaupt nicht zu beantworten. Die Abschwächung der alten Achtung vor der Freiheit des Untertans kann noch einen anderen Grund haben. Die Welt wird kleiner; wie die Völker in den verschiedenen Ländern stehen auch die Polizeibeamten in denselben in weit engerer Verbindung. Z. B. sind wir den Vereinigten Staaten in Amerika näher gekommen; mit ihren Büchern und Filmen sind wir nicht minder vertraut als mit unseren eigenen. In den Vereinigten Staaten findet sich jedoch nichts, was dem alten britischerk Verhalten gegenüber Personen entspricht, welche nur unter dem Verdacht einer strafbaren Handlung stehen. Selbst den Namen des schändlichen Verfahrens, welches der dritte Grad genannt wird, verdanken wir Amerika. Mehr als je zuvor haben wir uns ferner Frankreich genähert, wo es zum Justizsystem gehört, die Strafverfolgung durch eine strenge Untersuchung von einer Art vorzubereiten, welche unser Recht sofort verurteilen muß. Strebsame englische Polizeibeamte, welche mit diesen im Ausland erlaubten Verfahren bekannt wurden, können sehr wohl mit etwas Sehnsucht an Systeme gedacht haben, welche die Beschaffung von Beweismaterial für eine Strafverfolgung viel leichter als in unserem Lande machen. In einigen Fällen kann es allerdings nützlich sein, wie unsere Nachbarn zu verfahren; in der Tudorzeit, in welcher mächtige Barone einem Strafverfahren vor Geschworenen Trotz bieten konnten, war sogar die Sternkammer nützlich. Wir kennen jedoch die abscheulichen Mißbräuche, in welche die Sternkammer verfiel, und wir kennen den Jubel, mit dem die Abschaffung der Sternkammer begrüßt wurde. Mit diesen im Ausland zugelassenen Mißbräuchen, welche ihrem Wesen nach Sternkammermißbräuche sind, darf unser Land nichts zu schaffen haben; sie mögen zuweilen wie ein kurzer Weg zu einer Überführung aussehen, welche kommen muß; unser Weg muß jedoch der langsam zum Ziel führende Weg, der alte Weg, der rechtlich vorgeschriebene Weg verbleiben. In der Praxis führt dieser Weg auch gar nicht langsam zum Ziel. Amerika ist das Land, wo die Justizverzögerungen in Strafsachen immer von neuem Personen befremden, welche ihre Ansichten über Justiz aus dem schneller und gefahrloser arbeitenden, englischen System geschöpft haben; Amerika ist das Land, wo das Publikum die Polizeibeamten nicht bloß als Beschützer begrüßt, sondern ebenso oft als mögliche Bedrücker betrachtet. Das ist nicht unsere Auffassung in England; wir haben unseren alten Glauben an der Unbeflecktheit der Polizeibeamten als Kämpfer für Recht und Ordnung bewahrt und wünschen ihn auch weiter zu bewahren. In unserem Lande darf es keinen kurzen Weg zu Überführungen geben. Dieser Satz schützt nicht nur das Publikum, sondern liegt auch im Interesse der Polizei."

Veranlassung zu diesen Worten gab der folgende Fall. Am 23. April 1928 abends wurden im Hyde Park, London, Sir Leo

Money und Miß Irene Savidge von zwei Polizeibeamten festgenommen und beschuldigt, sich im Park in einer Weise benommen zu haben, welche wahrscheinlich nach der Ansicht vernünftiger Leute gegen den öffentlichen Anstand verstoßen werde (Parks Regulation Amendment Act 1926; Nr. 24 der General Regulations). Die zur Last gelegte Übertretung ist mit Geldstrafe bis zu £ 5 bedroht. Vor dem Polizeirichter wurden als Belastungszeugen die beiden Polizeibeamten vorgerufen. Nachdem Sir Leo Money als Entlastungszeuge ausgesagt hatte, wies der Polizeirichter die Beschuldigung ab und verurteilte die Polizei zu £ 10. 10. 0 Kosten. Miß Savidge brauchte nicht vorgerufen zu werden (R. v. Money and Savidge. — Marlborough Street Police Court. — 2. Mai 1928). Fünf Tage später auf eine Anfrage im Unterhaus teilte der Minister des Innern mit, er habe nunmehr zu prüfen, ob die beiden Polizeibeamten strafrechtlich wegen Meineids zu verfolgen seien. Der Minister ließ sodann die Sache dem Direktor der öffentlichen Strafverfolgungen zwecks eingehender Untersuchung und Prüfung mit dem Bemerken überreichen, im Falle der Nichtverfolgung müsse er im Unterhaus entweder mitteilen können, daß nach Ansicht der zuständigen Beamten ein Strafverfahren sich nicht rechtfertige, oder daß ein Polizeirichter die beantragte Vorladung verweigert habe. Der Direktor ersuchte den Leiter der Londoner Polizei, einen der besten Beamten der Kriminaluntersuchungsabteilung für die Sache zur Verfügung zu stellen. Der Leiter der Polizei wählte den Oberinspektor Collins. Der Direktor beauftragte Collins (1) sich über den Ruf der beiden Polizeibeamten bei dem Leiter der Polizeiwache zu erkundigen, (2) mit den beiden Polizeibeamten zu sprechen und nach vorgängiger Verwarnung, ihre Erklärungen zu beurkunden, falls sie wünschen sollten, Erklärungen abzugeben und (3) Miß Savidge, Miß Egan (die Person, welche Miß Savidge mit Sir Leo Money bekannt machte) und Sir Leo Money aufzusuchen. Collins führte die ersten beide Aufträge aus, fand am 15. Mai, daß auf der Polizeiwache des Bezirkes, in welchem Miß Savidge bei ihren Eltern wohnte, kein Zimmer zur Verfügung stand, und schlug deshalb seinen Vorgesetzten vor, einen Wagen auszusenden, um Miß Savidge, falls sie einverstanden sein sollte, in das Kriminalpolizeigebäude zu bringen. Die Vorgesetzten erteilen ihre Zustimmung und ordneten nur an, daß eine zum Polizeipersonal gehörende Miß Wyles mitzufahren habe. Collins beauftragte seinen ständigen Mitarbeiter, den Detektivsergeanten Clark, mit Miß Wyles nach dem Geschäftshaus zu fahren, in welchem Miß Savidge arbeitete, und dieselbe zu fragen, ob sie in das Kriminalpolizeigebäude kommen wolle. Clark fragte von der Bezirkspolizeiwache aus im Geschäftshaus an, ob er Miß Savidge sprechen könne, erhielt eine zustimmende Antwort, fuhr zum Geschäftshaus und bat den Geschäftsleiter, Miß Savidge mitfahren zu lassen. Miß Savidge erklärte sich bereit, mit Miß Wyles zum Kriminalpolizeigebäude zu fahren; sie wußte, daß es sich um die Leo Money-Sache handelte; sie hatte indessen keine Ahnung von der Art der beabsichtigten Fragen und von den Folgen, welche die Beantwortung für sie selbst haben konnte. Im Kriminalpolizeigebäude wurde Miß Savidge in ein Zimmer geführt; Collins erschien; Miß Wyles entfernte sich; im Zimmer verblieben Collins, Clark und Miß Savidge. Die Vernehmung dauerte 4 Stunden. Nach Schluß der Vernehmung fuhren Collins und Clark mit Miß Savidge zum Hause ihrer Eltern, suchten sodann Miß Egan in ihrer Wohnung auf und verhörten dieselbe in Anwesenheit ihres Bruders. Miß Egan machte Sir Leo Money von ihrer Vernehmung Mitteilung. Sir Leo Money ersuchte Miß Savidge telegraphisch, am nächsten Morgen bei dem Anwalt vorzusprechen, welcher beide vor dem Polizeirichter verteidigt hatte, und inzwischen keiner Person Mitteilungen zu machen, und hatte ferner kurz vor Mitternacht eine Besprechung mit Miß Savidge und ihren Eltern. Am nächsten Morgen machte Miß Savidge dem Anwalt eingehende Mitteilungen über ihre Vernehmung. Collins rief an demselben Tage Sir Leo Money an und fragte, ob er Erklärungen abgeben wolle. Der Anwalt antwortete, in das Kriminalpolizeigebäude werde sein Klient nicht kommen, Collins könne denselben indessen am nächsten Morgen im Zimmer seines Anwalts sprechen. Als Collins erschien, teilte der Anwalt ihm in Gegenwart seines Klienten mit, auf Fragen nach dem Vorleben seines Klienten und nach seiner Bekanntschaft mit Miß Savidge werde sein Klient nicht antworten. Collins berichtete über diese Mitteilung dem Direktor der öffentlichen Strafverfolgungen. Der Direktor teilte dem Anwalt am 17. Mai brieflich mit, er bestehe darauf, daß Sir Leo Money eingehende Erklärungen abgebe; sollte keine Gelegenheit zu seiner Vernehmung gegeben werden, so würden andere Schritte folgen, um zu beschaffen, was man haben müsse.

Bei dieser Drohung verblieb es; an demselben Tage bat ein Mitglied der Arbeiterpartei im Unterhaus um die Erlaubnis, die Vertagung des Hauses beantragen zu dürfen, um auf eine Sache von dringender, öffentlicher Wichtigkeit aufmerksam zu machen, nämlich auf die Umstände, unter welchen die Polizei der Hauptstadt eine junge weibliche Person, Miß Savidge, in das Kriminalpolizeigebäude brachte, ohne ihr Gelegenheit zu geben, sich mit ihren Freunden oder mit ihrem Anwalt in Verbindung zu setzen, und sie einem scharfen und hartnäckigen Verhör über eine Sache unterwarf, über welche gerichtlich bereits verhandelt und entschieden war. Nachdem die Erlaubnis erteilt war, folgte eine gründliche Erörterung der ganzen Sache. Angenommen wurde der Vorschlag der Regierung, (1) den Savidge-Fall durch eine Kommission untersuchen zu lassen und sodann (2) einer anderen Kommission den Auftrag zu erteilen, die Befugnisse und Pflichten der Polizei bei der Untersuchung von strafbaren Handlungen allgemein zu prüfen. Die erste Kommission wurde am 24. Mai 1928 bestellt; den Vorsitz führte ein früherer Berufungsrichter; als Beisitzer wurden zwei Unterhausmitglieder gewählt. Mitte Juli 1928 erstattete die Kommission zwei Berichte, einen von dem Vorsitzenden und einem Beisitzer gezeichneten Majoritätsbericht und einen nur von dem anderen Beisitzer gezeichneten Bericht. Der wesentliche Teil des Majoritätsberichts lautete, kurz gefaßt, wie folgt:

Die Rechte und Pflichten des Direktors der öffentlichen Strafverfolgungen sind gesetzlich geregelt. Ein eigenes Personal, welches Ermittelungen der fraglichen Art vornehmen könnte, besitzt der Direktor nicht; seit mehr als 50 Jahren ist es bei ihm üblich, die Ermittelungen durch die Polizei vornehmen zu lassen. Im Kriminalpolizeigebäude macht man allerdings einen Unterschied zwischen (1) Beurkundung der Erklärungen von Zeugen und (2) Beurkundung der Erklärungen beschuldigter oder verdächtiger Personen, auf welche die von den Richtern aufgestellten Regeln Anwendung finden; man unterscheidet indessen in Ziffer 1 niemals zwischen (a) bloßen Zeugen eines Vorfalls, welche persönlich weder direkt, noch indirekt an der Sache interessiert sind, und (b) Personen, deren Ruf gerade der Gegenstand der Ermittelungen ist oder doch bei denselben in Frage kommt. Ist die Person anscheinend zur Abgabe von Erklärungen bereit, so wird möglichst gründlich geforscht und jede mögliche Auskunft beschafft, mag auch dem Polizeibeamten offensichtlich sein, daß die Person keine Ahnung von den Folgen hat, welche für sie eintreten können, und mag auch die Vernehmung weit über die Sache hinausgehen, über welche sie bereit war, Erklärungen abzugeben. Um Erklärungen zu beschaffen, wählt die Polizei den Weg, auf welchem sie den geringsten Widerstand zu befürchten hat; der Weg ist verschieden und hängt von der Stellung der Person und von dem Wert ihrer Erklärungen ab; stets wird jedoch der Weg gewählt, welcher die beste Aussicht bietet, Widerstand zu vermeiden.

Soweit es sich um die Anordnungen des Direktors und um das Heranholen der Miß Savidge handelt, stellen wir folgendes fest: (1) Es war Pflicht des Direktors, sich zu bemühen, von Miß Savidge Erklärungen zu erhalten. (2) Der Direktor wählte den in der Praxis üblichen Weg; ein anderer Weg stand ihm nicht offen. (3) Für die Vornahme der Ermittelungen wurde eine Person mit gehöriger Sorgfalt ausgewählt. Collins war nach Ansicht der Behörde der beste Beamte, welcher für den Zweck zur Verfügung gestellt werden konnte. (4) Die von dem Direktor angeordneten Ermittelungen gingen nicht weiter als notwendig war. (5) Collins und seine Vorgesetzten, welche mit ihm für das Heranholen der Miß Savidge und für die dabei benutzten Mittel die Verantwortung tragen, sind nicht schon deshalb zu tadeln, weil sie die im Kriminalpolizeigebäude übliche, ihren höheren Vorgesetzten bekannte und von denselben gebilligte Praxis befolgten. Insoweit sprechen wir die Polizeibeamten frei; wir billigen jedoch nicht die Anwendung der Praxis auf den fraglichen besonderen Fall. Es war offensichtlich, daß die Vernehmung Fragen notwendig machte, welche den Ruf der Miß Savidge direkt berührten. In Frage kamen ihre Beziehungen zu Sir Leo Money und die Vorgänge, welche sich am 23. April im Hyde Park abspielten. Nicht minder offensichtlich war, daß im Falle eines nachfolgenden Meineidsverfahrens gegen die beiden Polizeibeamten der Ruf der Miß Savidge indirekt berührt werden würde; im Falle der Überführung der beiden Polizeibeamten würde sich die Öffentlichkeit von neuem mit den Beziehungen der Miß Savidge zu Sir Leo Money beschäftigen; im Falle der Freisprechung der beiden Polizeibeamten würde die polizeigerichtliche Freisprechung der Miß Savidge beträchtlich an moralischem Wert verlieren. Die Polizei hätte sich zunächst an die Eltern der Miß Savidge wenden sollen; jedenfalls hätte Miß Savidge zur Abgabe von Erklärungen erst aufgefordert werden dürfen, nachdem sie über ihre eigene Lage unterrichtet war, und zwar in ihrer Wohnung und nicht an ihrer Arbeitsstelle.

Über die Vorgänge während der Vernehmung wurden stark widersprechende Aussagen gemacht. Miß Savidge sagte aus (a) Collins habe sie in Schrecken gesetzt und ihr zu verstehen gegeben, sie müsse die Wahrheit sagen, die Sache werde dann zum Abschluß kommen; (b) Collins habe Miß Wyles aus dem Zimmer entfernt, um ohne weibliche Einmischung vernehmen zu können; (c) Collins habe in höchst ungehöriger Weise Miß Savidge gegenüber bemerkt, sie habe niemals einen Mann gehabt; (d) Collins habe in ungehöriger und unanständiger Weise vorgeführt, wie sie und Sir Leo Money im Hyde Park gesessen hätten; (e) Collins habe in die Beurkundung Erklärungen aufgenommen, welche sie gar nicht abgegeben habe, und Erklärungen, welche sie abgab, für seine Zwecke entstellt; (f) die lange Vernehmung habe sie so müde gemacht, daß sie sich nicht mehr darum bekümmert habe, was niedergeschrieben wurde. Wären diese Beschuldigungen richtig, so hätte sich Collins ohne Zweifel ungehörig benommen. Zum ersten Mal erhoben wurden die Beschuldigungen, nachdem Miß Savidge mit Sir Leo Money gesprochen und eine ganze Nacht über ihre Vernehmung nachgedacht hatte. Collins, ein Mann, welcher über das mittlere Lebensalter hinaus ist und Frau und Kinder besitzt, hat eine makellose, 32jährige Dienstzeit hinter sich und wurde wegen seiner Fähigkeit und wegen dem Publikum geleisteter Dienste 93 Mal von Richtern gelobt. Miß Savidge, 22 Jahre alt, klug, schnell begreifend und scharfsinnig in beträchtlichem Maße, vermag, obschon nervös, sehr wohl für sich selbst zu sorgen. Taktvoll und freundlich behandelt legte sie alle Schüchternheit ab und faßte zu Collins Vertrauen. Es liegt kein Grund zu der Annahme vor, daß ihr inneres Gefühl nicht mit ihrem äußeren Benehmen übereinstimmte. Jedenfalls hat sie vom Betreten des Kriminalpolizeigebäudes bis zu ihrer Heimkehr niemals zu erkennen gegeben, daß sie ängstlich, unbehaglich oder erschöpft war oder an einer Frage Anstoß nahm. Der Erscheinung und dem Benehmen nach ist sie auffallend jung und kindlich; Collins behandelte sie in fast väterlicher Weise, redete sie z. B. mit ihrem Vornamen an, ohne daß sie Einspruch erhob; aus dieser nahezu väterlichen Behandlung erklärt sich Vieles, was sonst befremden würde. Collins' Mitarbeiter Clark ist ein Beamter mit vieljährigen Erfahrungen und vorzüglicher Vergangenheit. Wir stellen folgendes fest: (a) Miß Savidge wurde nicht durch Einschüchterung zur Beantwortung der Fragen veranlaßt; Collins und Clark gewannen ihr Vertrauen; sie beantwortete ihre Fragen freiwillig. (b) Miß Wyles entfernte sich nur deshalb, weil sich Miß Savidge mit einer Vernehmung ohne sie ganz zufrieden erklärte. (c und d) Die Bemerkung wurde nicht gemacht; die Vorführung fand nicht statt. Miß Savidge wurde weder von Collins, noch von Clark mit Unschicklichkeit behandelt. (e) Die Anworten wurden weder falsch ausgelegt, noch ungehörig beurkundet; Miß Savidge selbst erklärte damals die Beurkundung für richtig. (f) Müde war sie ohne Zweifel; sie hatte an dem Tage seit 8 Uhr gearbeitet; sie hatte jedoch ihr Mittagessen und ihren Nachmittagstee und war sehr wohl fähig zu verstehen, was man sagte und tat. Bewiesen wird dies durch die eingehenden Mitteilungen, welche sie am nächsten Tage ihrem Anwalt machte. Unserer Ansicht nach sind mithin die Aussagen der Miß Savidge unrichtig, soweit sie mit Collins' Aussagen im Widerspruch stehen; wir sprechen Collins von der Beschuldigung frei, sich während der Vernehmung ungehörig benommen zu haben; die Vernehmung war die von dem Direktor angeordnete und ging nicht ungehörig über seine Anordnungen hinaus.

Wenn man auch die übliche Praxis befolgt und weder Zwang, noch ungehörigen Druck angewandt hat, billigen wir nicht den Brauch, als zur Abgabe von Erklärungen freiwillig bereit Personen zu behandeln, welche, obschon anscheinend bereit, weder die Art der gewünschten Erklärungen, noch die Folgen kennen, welche die Abgabe für sie haben kann. Es mag schwierig sein, eine allgemeine Regel aufzustellen. Es ist ferner offensichtlich wichtig, die Polizei nicht daran zu behindern, ihre Ermittelungen so gründlich vorzunehmen und so weit auszudehnen, wie das Justizinteresse es verlangt. Man sollte immerhin, falls möglich, Sicherheit dafür schaffen, daß, falls, wie im Savidge-Falle, der eigene Ruf der Person der Hauptgegenstand der Ermittelungen ist und die Abgabe von Erklärungen ernste nachteilige Folgen für sie haben kann, sie vor Abgabe der Erklärungen klar über die Art der gewünschten Erklärungen und über die Folgen zu belehren ist, welche sich aus der Abgabe für sie ergeben können. Kann ferner die Polizei die Person in ihrem Hause oder an ihrer Arbeitstelle aufsuchen, so sollte die Polizei im Hause der Person und nicht an ihrer Arbeitstelle vorsprechen, es sei denn, daß besondere Gründe ein Aufsuchen an der Arbeitstelle erforderlich machen. Nur falls es notwendig ist, sollte man die Person zur Vernehmung in eine Polizeiwache oder in das Kriminalpolizeigebäude bringen. Handelt es sich um eine weibliche Person und um Vorfälle, welche ihre Moral nahe berühren, so sollte während ihrer ganzen Vernehmung eine andere weibliche Person anwesend sein, es sei denn, daß die erstere ausdrücklich um Vernehmung in Abwesenheit der letzteren ersucht.

Der nur von dem zweiten Beisitzer gezeichnete Bericht schloß mit folgenden Hauptfeststellungen:

A. Das Erscheinen der Miß Savidge im Kriminalpolizeigebäude wurde dadurch erreicht, daß man Polizeibeamte mit einem Wagen ohne vorgängige Benachrichtigung ihr gegenüberstellte; sie hatte sich sofort zu entscheiden, ob sie zum Kriminalpolizeigebäude kommen wollte; man gab ihr keine Gelegenheit, ihre Eltern zu fragen; man täuschte sie über die Art der Vernehmung, welche sie durchmachen sollte. Dieses Verfahren ist zu rügen; hauptsächlich zu tadeln ist Collins, in geringerem Grade auch seine Vorgesetzten, mit denen er das Verfahren besprach.

B. Im Kriminalpolizeigebäude hätte Miß Wyles selbstverständlich während der Vernehmung im Zimmer verbleiben sollen. Im Wagen hatte man sie mitfahren lassen, um Miß Savidge zu veranlassen, ins Kriminalpolizeigebäude zu kommen. Wichtige Pflichten riefen Miß Wyles nicht aus dem Zimmer fort; sie verblieb bis zum Schluß der Vernehmung im Dienst; sie verbrachte jedoch die Zeit in ihrer 5—10 Minuten entfernt liegenden Wohnung und wartete dort am Ende eines Fernsprechkabels für den Fall, daß Collins ihr etwas mitzuteilen hatte. Nicht feststellen läßt sich, ob Collins Miß Wyles weggehen ließ, weil er nicht durch die Anwesenheit einer zweiten weiblichen Person behindert sein wollte. Was ihn auch veranlaßt haben mag, jedenfalls ist er wegen der Nichtanwesenheit der Miß Wyles zu tadeln.

C. Von den sich im Zimmer von 3 bis 7 Uhr abspielenden Vorgängen liegen zwei Darstellungen vor, welche sich scharf widersprechen; bekräftigender Beweis war nur wenig zu beschaffen; es kommt auf die Glaubwürdigkeit der Miß Savidge einerseits und auf die Glaubwürdigkeit von Collins und Clark andererseits an. Auf dem Zeugenstand machte Miß Savidge den Eindruck einer freimütigen, einfachen, etwas kindlichen Person; ihre Aussagen verblieben im Kreuzverhör unerschüttert. Collins und Clark sagten nicht mit derselben Freimütigkeit aus; Wahrscheinliches und Unwahrscheinliches bestritten sie mit gleicher Schärfe; die mechanische Genauigkeit, mit welcher sie gegenseitig ihre Aussagen in allen Einzelheiten bekräftigten, macht ihre Aussagen verdächtig. Die Aussagen der an den Hauptvorgängen nicht beteiligten Zeugen bekräftigen die Aussagen der Miß Savidge. Kein Beweis wurde für die Behauptung erbracht, die Mitteilungen, welche sie am Morgen nach der Vernehmung ihrem Anwalt machte, seien unter Druck oder infolge ungehöriger Beeinflussung gemacht worden. Um Material für einen Angriff auf Miß Savidge während ihres Kreuzverhörs zu beschaffen, erkundigte sich die Polizei zuvor insgeheim über ihren Ruf und ließ sich Mitteilungen über ihr Vorleben machen. Während ihres Kreuzverhörs wurde kein Angriff unternommen; die Erkundigungen hatten nichts ergeben, was ihre Glaubwürdigkeit verringern konnte. Miß Savidge verdient mithin mehr Glauben, als Collins und Clark. Während ihrer Vernehmung im Kriminalpolizeigebäude sind ihr Fragen vorgelegt worden, welche nicht vorgelegt werden durften; ihre Antworten wurden zum Teil in eine Fassung gezwängt, welche unrichtig wiedergab, was sie sagen wollte; verantwortlich dafür ist Collins.

D. Es ist sehr wohl möglich, daß die von der Kommission untersuchten Vorgänge ein im Kriminalpolizeigebäude groß gezogenes System offenbaren. Die Untersuchung veranlaßt zu Fragen, welche weit über die Frage hinausgehen, wie die fragliche kleine Zahl von Polizeibeamten gehandelt hat. Was Miß Savidge zugestoßen ist, kann sehr leicht allen Männern und Frauen zustoßen, welche sich in gleicher Lage befinden. Die von Miß Savidge gemachten Erfahrungen haben große Gefahren für den Privatmann und für die bürgerliche Freiheit aufgedeckt. Nachstehend werden mit Bezug auf das System im Kriminalpolizeigebäude 15 Fragen aufgeworfen, welche erst nach Untersuchung weiterer Gebiete der Verwaltung und Beaufsichtigung der Polizei eingehend beantwortet werden können. Sollte die Untersuchung des Savidge-Falles zu ihrer gründlichen Beantwortung führen, so wird der unglückliche Vorfall im Leben der Miß Savidge unserem Volke Gutes bringen und anderen die Erfahrungen ersparen, welche sie gemacht hat. Aus der Beweisaufnahme ergibt sich, daß die folgenden 15 Fragen einer Prüfung bedürfen: (1) Ist es richtig, die Beurkundung durch die Polizei vornehmen zu lassen, falls Erklärungen verdächtiger oder verhafteter Personen oder Erklärungen von Zeugen zu beurkunden sind, deren Ruf oder Interessen in Frage kommen? (2) Im Kriminalpolizeigebäude oder in Polizeiwachen vorgenommene Beurkundungen von Erklärungen verdächtiger oder verhafteter Personen oder von Zeugen werden fast immer insgeheim vorgenommen; anwesend sind nur Polizeibeamte und die Person, welche die Erklärungen abgibt. Besteht ausreichende Sicherheit, daß letztere gegen Anwendung von allen Mitteln geschützt ist, durch welche ein ungehöriger Druck ausgeübt wird? (3) Ist es Brauch geworden, die Beurkundung derartig zu verlängern, daß ein Teil der Erklärungen im Zustand der Nervenerschöpfung abgegeben wird? (4) Um mit Spionen, Ausländern usw. aufzuräumen, gaben die Landesverteidigungsgesetze der Polizei nach Kriegsausbruch außerordentliche Vernehmungsbefugnisse, welche sie nicht mehr besitzt. Ist das damals geschaffene System am Leben geblieben? (5) Sind die Vorschriften, welche die Beurkundung der Erklärungen verdächtiger oder verhafteter Personen oder von Zeugen regeln, hinreichend eingehend und genau, schreiben sie den Polizeibeamten klar vor, wie sie zu verfahren haben? (6) Bedarf es neuer Vorschriften, um die Fälle zu bestimmen, in denen den Personen, welche Erklärungen abgeben, insbesondere verdächtigen oder verhafteten Personen und Zeugen, deren Ruf oder Interessen in Frage kommen, zu gestatten ist, die Anwesenheit eines Freundes oder anderen Vertreters zu verlangen? (7) Bedarf es neuer Vorschriften, um die Fälle zu bestimmen, in denen Zeugen, welche man bitten will, in das Kriminalpolizeigebäude zu kommen, zuvor eine gehörige Benachrichtigung und, falls sie es wünschen sollten, eine Gelegenheit zu geben ist, ihre Erklärungen an einer anderen Stelle abzugeben? (8) Bedarf es neuer Vorschriften, um zu bestimmen, daß bei Beurkundung der Erklärungen einer weiblichen Person, mag sie verdächtig oder verhaftet sein oder nur als Zeuge in Frage kommen, eine zum Polizeipersonal gehörende, weibliche Person anwesend sein muß, es sei denn, daß die erstere die Nichtanwesenheit der letzteren verlangt? (9) Bedarf es neuer Vorschriften, um die Fälle zu bestimmen, in denen die Polizei einen Zeugen an seiner Arbeitsstelle aufsuchen darf? (10) Bedarf es einer Nachprüfung der von den Richtern aufgestellten Regeln, welche vorschreiben, wie die Erklärungen verdächtiger oder verhafteter Personen zu beurkunden sind? (11) Weniger genau ist darin vorgeschrieben, wie die Erklärungen von Zeugen zu beurkunden sind. Bedarf es genauerer Vorschriften? (12) Ist insbesondere ein Unterschied zu machen zwischen (a) persönlich nicht interessierten Zeugen, z. B. einer Person, welche einen Taschendiebstahl sah und (b) Zeugen, deren Ruf oder Interessen durch die Erklärungen berührt werden? (13) Sind Zeugen der letzteren Art vor der Beurkundung zu warnen und auf die Folgen hinzuweisen, welche die Erklärungen für sie haben können? (14) Ist dem Direktor der öffentlichen Strafverfolgungen ein eigenes Personal zu geben, um ihm zu ermöglichen, vor Entscheidung über die Frage, ob gegen Polizeibeamte ein Strafverfahren einzuleiten ist, von der Polizei unabhängige Ermittelungen vorzunehmen und zu beurkunden, was Zeugen auszusagen vermögen? (15) Die allgemeinen Anordnungen und Vorschriften für die Polizei der Hauptstadt gehören zu den Verfügungen, welche vertraulich erlassen werden. Sind die Abschnitte, welche verdächtige oder verhaftete Personen und Zeugen schützen sollen, deren Ruf oder Interessen in

Frage kommen, zu veröffentlichen und in jedem Einzelfalle der Person bekanntzugeben, welche Erklärungen abgibt?

Am 1. August 1928, nach einer Aussprache über beide Berichte im Unterhaus und im Oberhaus, erließ der Minister des Innern folgende Anordnung für die Polizei der Hauptstadt: „Bevor eine Befragung in Sachen vorgenommen werden darf, in welchen es sich hauptsächlich um den Ruf des Zeugen handelt und die Abgabe von Erklärungen für ihn nachteilig sein kann, ist die Zentralabteilung der Kriminalpolizei um Rat zu fragen. Genaue Weisungen werden dann dem für die Beurkundung ausgewählten Beamten zugehen; der Zeuge wird über die Folgen, welche seine Erklärungen für ihn haben können, klar unterrichtet werden."

Vierzehn Tage später wurde die zweite Kommission bestellt; sie bestand aus acht Mitgliedern, unter Einschluß von zwei Frauen; kein Mitglied gehörte dem Unterhaus an; mit Ausnahme eines aus einem besonderen Grunde gewählten Anwalts waren sämtliche Mitglieder Laien; mit einem Worte beschrieben, die Kommission war eine Jury; den Vorsitz führte ein Oberhausmitglied, ein Meister der Kunst, einen Bericht schnell und einstimmig zu liefern. Als Aufgabe wurde der Kommission gestellt, die allgemeinen Befugnisse und Pflichten der Polizei in England und Wales bei Untersuchung strafbarer Handlungen zu prüfen, unter Einschluß der amtlichen Beziehungen des Direktors der öffentlichen Strafverfolgungen und der Polizei zueinander; insbesondere die Praxis zu prüfen, welche bei Befragung und bei Beurkundung der Erklärungen von Personen befolgt wird, die im Verlaufe der Kriminaluntersuchung aufgesucht werden; ferner zu berichten, ob nach Ansicht der Kommission die Befugnisse und Pflichten gehörig ausgeübt bzw. erfüllt werden, unter gebührender Berücksichtigung der Rechte und Freiheiten des Untertans und der Justizinteressen und unter Beachtung der Richterregeln, nicht nur ihren Buchstaben, sondern auch ihrem Geist nach; und über die Befugnisse und Pflichten, ihre gehörige Ausübung bzw. Erfüllung alle notwendigen Vorschläge zu machen. Die Kommission berichtete nach Aufnahme der Beweise einstimmig am 22. März 1929 ohne Vorbehalte irgend einer Art. Die Hauptvorschläge und Hauptfeststellungen waren kurz gefaßt folgende:

Bei Erfüllung ihrer Aufgaben ist die Polizei in einem eigenartigen Maße von dem guten Willen des allgemeinen Publikums abhängig; sie hat daher mit der äußersten Besonnenheit zu verfahren und ein Überschreiten der beschränkten Befugnisse, welche sie besitzt, zu vermeiden. Viele Beschwerden des Publikums sollten allerdings nicht gegen die Polizei, sondern gegen die Rechtsvorschriften gerichtet werden, welche die Polizei zu erzwingen hat. Man hat sich zu bemühen, in allen Polizeitruppen das gleiche Maß von Tüchtigkeit zu erreichen und Einförmigkeit der Praxis und des Verfahrens zu sichern. Der Leiter der Hauptstadtpolizei und seine Mitarbeiter sollten sich für verpflichtet erachten, den Versammlungen beizuwohnen, welche die Leiter der Provinzpolizeitruppen von Zeit zu Zeit im Ministerium des Innern abhalten. Für alle Polizeitruppen sollte es nur ein maßgebendes Ausbildungsbuch geben; es sollte das Beste aus den heutigen Büchern enthalten und mit den nötigen Änderungen auch für die Hauptstadtpolizei gelten; in erster Linie sollte es die allgemeinen Grundsätze angeben, nach welchen sich der Polizeibeamte zu richten hat, und nicht genau vorschreiben, was er in jedem Einzelfall zu tun hat. Zu erweitern ist die Praxis, in größere Polizeitruppen Rekruten anderer Polizeitruppen zur Ausbildung aufzunehmen. Rekruten aller Polizeitruppen in England und Wales sind in einer regelrechten Polizeischule gründlich auszubilden; auch lassen sich dort mit guter Wirkung Fortbildungs- und Wiederholungskurse für Polizeibeamte von mehrjähriger Dienstzeit abhalten, insbesondere für diejenigen, welche wahrscheinlich in hohe Stellen aufrücken. Langjährige Erfahrungen und gute Dienstleistungen in den unteren Rangstufen sind nicht die einzigen und nicht einmal die wichtigsten Befähigungsgründe für die höheren Posten; es würde dem öffentlichen Interesse zuwiderlaufen, denjenigen, welche als gewöhnliche Polizeibeamte in den Dienst eintraten, die höheren Posten vorzubehalten; letztere sind mit den besten Leuten zu besetzen, welche zur Verfügung stehen, ohne Rücksicht auf die Quelle, aus welcher sie genommen werden.

Beschaffung von Beweisen. Beurkundung von Erklärungen. Beizubehalten ist die Warnung; ihre Anwendung ist zu regeln und dem Publikum und der Polizei deutlich zu erklären. Es darf nicht erlaubt sein, den Zeitpunkt der Warnung aus taktischen Gründen zu wählen oder zu ändern. Von der Verpflichtung, den Zeitpunkt zu wählen, ist die Polizei zu entlasten; eine unparteiische Wahl des Zeitpunkts ist schwierig; die Polizei läuft Gefahr, daß man behauptet, ihre Behandlung verdächtiger Personen sei nicht fair. Sofort bei Beginn jeder förmlichen Befragung von möglichen Zeugen oder verdächtigen Personen über eine strafbare Handlung oder damit verbundene Umstände ist folgende Warnung zu erteilen: „Ich bin ein Polizeibeamter; ich bin mit Nachforschungen in der — — — Sache beschäftigt; ich wünsche alles zu wissen, was Sie mir darüber sagen können; es ist eine ernste Sache; ich muß Sie warnen, darauf achtzugeben, was Sie sagen.“ Außer dieser Warnung, welche bei Beginn jeder Befragung zu erteilen ist, bedarf es nicht noch einer besonderen Warnung im Falle von Zeugen, deren persönlicher Ruf in Frage kommt oder doch kommen kann; die Anordnung vom 1. August 1928 ist überflüssig und wieder aufzuheben. Ort und Zeit der Beurkundung der Erklärungen sind möglichst so zu wählen, daß sie dem Zeugen bequem sind und seinen Ruf nicht unnötig gefährden oder schädigen; die Polizei hat sich zu bemühen, das Aufsuchen von Angestellten an ihrer Arbeitstelle und von Kindern in der Schule zu vermeiden. Über alle Besuche von Polizeiwachen auf Einladung der Polizei ist ein besonderes Buch zu führen. Die Vorschriften, welche für die Polizei über die Art und Weise der Beurkundung von Erklärungen erlassen werden, haben zu sichern, daß in allen Fällen, in welchen wahrscheinlich später die Erklärung als Beweis gegen den Erklärenden angeboten wird, alle Fragen und Antworten möglichst annähernd mit den tatsächlich gebrauchten Worten niedergeschrieben werden. Untunlich und auch nicht wünschenswert ist die Festsetzung einer Zeitgrenze für die Befragung; sie würde die Polizei dazu antreiben, gegen Ende der vorgeschriebenen Zeit Druck anzuwenden. Die Polizei hat den Erklärenden auf Anzeichen der Ermüdung zu beobachten und in passenden Zwischenräumen eine kurze Unterbrechung mit oder ohne Erfrischungen und nötigenfalls eine Vertagung anzubieten. Wird gewünscht, daß der Erklärende seine Erklärung zeichnet, und ist dieselbe nicht sehr kurz und einfach, so hat die Polizei ihm vor der Unterzeichnung reichlich Zeit zur Prüfung und auf Verlangen auch zur Abänderung zu gewähren. Als Bestandteil der Erklärung ist stets zu beurkunden, wann die Erklärung begann, wann sie abschloß, wann Unterbrechungen stattfanden und wann die Erklärung gezeichnet wurde. In allen Fällen, in welchen gegen die Anwesenheit von Freunden oder Anwälten kein Einwand erhoben werden kann, ist dem Erklärenden die Wahl zu geben, seine Erklärung in ihrer Anwesenheit abzugeben. Während der Beurkundung von Erklärungen, welche letzten Endes als Beweis angeboten werden können, hat falls möglich stets ein zweiter Polizeibeamter anwesend zu sein.

Dem Ermessen der Behörde ist die Frage zu überlassen, inwieweit Polizeibeamte in Zivil zu verwenden sind; nur tatsächlich mit Detektivarbeit beschäftigte Polizeibeamte dürfen Zivil tragen. Arbeitet die Polizei paarweise, so hat häufig ein Austausch stattzufinden; dieselben zwei Beamten dürfen nicht lange Zeit zusammenarbeiten. Kein Beweis liegt für das Bestehen einer Praxis vor, strafbare Handlungen zu beginnen, um Mitglieder des Publikums zu ihrer Begehung zu bewegen und in einer Falle zu fangen. In der Regel hat die Polizei nur zu beobachten und sich nicht an strafbaren Handlungen zu beteiligen; letzteres ist ausnahmsweise zulässig, falls die strafbare Handlung gewöhnlich unter Umständen begangen wird, welche eine Beobachtung durch eine dritte Person unmöglich machen. Ist eine Beteiligung wesentlich, so darf dieselbe nur mit ausdrücklicher und schriftlicher Ermächtigung des Leiters der Polizei erfolgen. Als ganz verwerflich ist die Praxis zu untersagen, in Nachtklubs als Gäste verkleidete Polizeibeamte mit der Befugnis zu senden, freihändig Geld auszugeben. Die Gesetzgebung sollte den Leitern der Polizei das Recht geben, ausgewählte Polizeibeamte schriftlich zu ermächtigen, alle eingetragenen Klubs zu betreten und zu besichtigen, falls sie Grund zu dem Verdacht haben, daß strafbare Handlungen begangen werden. In ihren Hauptzügen notwendig und richtig ist die heutige Polizeipraxis, Räume zu durchsuchen; sie ist indessen durch Gesetz zu regeln. Im allgemeinen befriedigend ist auch die heutige Praxis, Paraden zwecks Feststellung der Identität von Personen abzuhalten; für alle Polizeitruppen ist jedoch vorzuschreiben, daß der die Untersuchung leitende Polizeibeamte bei der Parade nicht anwesend sein darf; auch dürfen Zeugen, welche warten, um die Identität einer verdächtigen Person festzustellen, keine Gelegenheit haben, miteinander zu sprechen; hat ein der Parade beiwohnender Zeuge zuvor das Bild des Beschuldigten aus einer Reihe von Bildern herausgefunden, so ist diese Tatsache in der Aussage mitzuteilen, welche die Polizei vor Gericht macht. Um das Gericht nach der Überführung und vor der Strafzumessung über den Ruf und das Vorleben des Beschuldigten zu unterrichten, darf die Polizei vor der Hauptverhandlung nur aus amtlichen Quellen besondere Auskunft einholen, es sei denn, daß der Beschuldigte selbst mit der Einholung von Auskunft aus anderen Quellen einverstanden ist.

Verfahren nach der Festnahme. Behandlung verhafteter Personen. Nicht vorgeschlagen wird eine Änderung der heutigen Befugnisse, festzunehmen; für strafbare Handlungen leichterer Art sind jedoch die Befugnisse zu vereinfachen und zu kodifizieren. Hat ein Polizeibeamter sich entschlossen, eine Person festzunehmen, so hat er die Festnahme in einer Weise vorzunehmen, welche nicht mißverstanden werden kann, und deutlich zu sagen „Ich nehme Sie fest auf Grund der Beschuldigung des — —". Alle Antworten und Erklärungen des Verhafteten bei seiner förmlichen Beschuldigung in der Polizeiwache sind möglichst annähernd mit seinen eigenen Worten niederzuschreiben, und falls er dazu bereit ist, von ihm zu unterzeichnen; in Fällen ernster Art ist ihm die Wahl zu geben, seine Antwort selbst zu schreiben. Zeit und Ort der Festnahme, Zeit der Ankunft in der Polizeiwache (unter Angabe ob vor oder nach der Festnahme) und die Zeit der endgültigen polizeilichen Annahme oder Abweisung der Beschuldigung sind stets in dem Buch der angenommenen Beschuldigungen bzw. in dem Buch der abgewiesenen Beschuldigungen zu vermerken. Bestimmten Beschränkungen und Schutzvorschriften ist die Befugnis zu unterwerfen, eine Person in Haft zu halten, bevor klar feststeht, ob gegen sie eine förmliche Beschuldigung zu erheben ist. In allen Fällen ist die festgenommene Person sofort dem Beamten der Polizeiwache zwecks Erhebung einer förmlichen Beschuldigung vorzuführen; derselbe darf, falls nötig, seine Entscheidung über Annahme oder Abweisung der Beschuldigung hinausschieben; solchenfalls hat er jedoch, sofern es möglich ist, den Verhafteten stets gegen Bürgschaft auf freien Fuß zu setzen;

ist dies wegen der Art der strafbaren Handlung oder wegen des Rufs des Verhafteten nicht angebracht, so kann der Verhaftete allerdings in Haft behalten werden; die Hinausschiebung der Entscheidung darf jedoch nicht zu Folge haben, daß der Verhaftete die nächste Sitzung des Gerichts versäumt, dem er nach der Rechtsvorschrift vorzuführen ist. Als verhaftet ist für alle Zwecke jede Person zu behandeln, welche tatsächlich in ihrer Freiheit beschränkt ist und davon Kenntnis hat. Festhaltung, als ein Verfahren besonderer Art, ist unnötig; sie kann mißbraucht werden, weil die Zeit der zulässigen Festhaltung nicht bestimmt begrenzt ist. Mit der Gestattung der Hinausschiebung der Entscheidung wird das Justizinteresse genügend gewahrt, falls man vorschreibt, daß der Verhaftete dem Gericht nicht binnen 12 Stunden nach der Festnahme vorgeführt zu werden braucht, sofern die Polizei mit ihren Ermittelungen noch nicht ganz fertig ist. Grundsätzlich zu verwerfen ist jede überlegte Anwendung der Praxis, wegen einer strafbaren Handlung geringerer Art festzunehmen, um die Untersuchung einer strafbaren Handlung schwererer Art zu erleichtern (mit anderen Worten, um die festgenommene Person über die strafbare Handlung schwererer Art befragen zu können).

Der Polizei ist streng vorzuschreiben, daß es nicht gestattet ist, Gefangene oder in Haft befindliche Personen über strafbare Handlungen zu befragen, deren sie beschuldigt sind oder beschuldigt werden können. Nicht unzulässig werden damit die in der Richterregel 7 gestatteten Fragen zwecks Beseitigung offensichtlicher Mehrdeutigkeiten elementarer Art in freiwillig abgegebenen Erklärungen. Zu untersagen ist jedoch auch die Befragung aller Personen, welche, obschon nicht in Haft befindlich, beschuldigt sind und bis zur Hauptverhandlung gegen Bürgschaft freigelassen wurden. Schutzmaßregeln der schärfsten Art sind zu ergreifen, um zu sichern, daß alle beurkundeten Erklärungen beschuldigter Personen wirklich freiwillig abgegeben sind und genau wiedergeben, was der Gefangene selbst zu sagen wünschte. Äußert ein Gefangener den Wunsch, eine freiwillige Erklärung abzugeben, so ist er zunächst zu warnen; sodann hat man ihm Schreibmaterial anzubieten und ihn allein schreiben zu lassen, ohne dabei zu beaufsichtigen, zu befragen oder zuzusagen. Zieht der Gefangene eine polizeiliche Beurkundung seiner Erklärung vor, so ist er aufzufordern, schriftlich darum zu ersuchen; seine Erklärung ist alsdann möglichst annähernd mit den tatsächlich gebrauchten Worten niederzuschreiben. Alle von der Polizei auf Grund der Richterregel 7 gestellten Fragen und die Antworten darauf sind wörtlich niederzuschreiben, und zwar an der Urkundenstelle, wo sie tatsächlich vorkamen. Hält nach Durchsicht einer von dem Gefangenen selbst geschriebenen Erklärung die Polizei es für nötig, auf Grund der Richterregel 7 eine offensichtliche Mehrdeutigkeit aufzuklären, so sind ihre Fragen und die Antworten darauf am Schluß der selbst geschriebenen Erklärung des Gefangenen zu beurkunden und von ihm zu zeichnen. Dem Gefangenen ist stets zu gestatten, eine nach seinem Diktat niedergeschriebene Erklärung für sich selbst durchzulesen; auch ist ihm reichlich Zeit zu geben, seine Erklärung, mag er sie diktiert oder selbst geschrieben haben, durchzusehen und zu berichtigen. Während der ganzen Zeit, in welcher ein Gefangener eine freiwillige Erklärung diktiert, müssen zwei Beamte, der Leiter der Polizeiwache und ein anderer Beamter, anwesend sein. Ein Gefangener, welcher eine freiwillige Erklärung abzugeben wünscht, ist berechtigt, die Anwesenheit seines Anwalts zu verlangen. Falls das Justizinteresse es nicht verbietet, ist allen verhafteten Personen bei Ankunft in der Polizeiwache Gelegenheit zu geben, sich mit ihren Anwälten und auch mit ihren Freunden zu beraten. In den für die Erhebung förmlicher Beschuldigungen bestimmten Räumen und in den Polizeizellen sind an augenfälligen Stellen Anschläge anzubringen, welche die verhafteten Personen über ihre Rechte belehren; jeder verhaftet in die Polizeiwache gebrachten Person sind alle erheblichen Abschnitte vorzulesen, sobald das einleitende Verfahren, die Bekanntmachung des Polizeiwachbeamten mit der Beschuldigung zum Abschluß gekommen ist; für wallisisch sprechende Bezirke ist eine wallisische Übersetzung anzufertigen.

Richterregeln. Die unbestimmte Fassung der für die Zulässigkeit von Beweisen geltenden Rechtssätze und die voneinander abweichenden Gerichtsentscheidungen bereiten der Polizei große Schwierigkeiten. Über die Bedeutung der von den Richtern aufgestellten Regeln bestehen in der Polizei auffallende Meinungsverschiedenheiten, welche sich in Abweichungen in der Praxis im ganzen

Lande widerspiegeln. Im allgemeinen kann man sagen, daß der Geist der Richterregeln streng von der Polizei beachtet wird, daß jedoch der Buchstabe häufig Mißverständnisse verursacht. Die Vorschläge, welche das polizeiliche Verfahren bei der Beurkundung von Erklärungen betreffen, sind nicht durch Abänderung der Richterregeln auszuführen, sondern durch Ausgabe besonderer Vorschriften des Innenministers an die Polizei und durch Aufnahme in das maßgebende Ausbildungsbuch.

Schwer zu erzwingende Strafvorschriften. Eine Anzahl von Strafvorschriften sind schwer zu erzwingen, weil sie nicht im Einklang mit der öffentlichen Meinung stehen. Die Pflicht der Polizei, sie zu erzwingen, hat unvermeidlich zur Folge, daß ihre guten Beziehungen zum Publikum leiden; wachgerufen wird ein Gefühl des Widerstreits, welches dazu führen kann, daß die Polizei in allen Fällen bei der Unterdrückung oder Entdeckung von strafbaren Handlungen behindert wird. Mitglieder des Publikums sind höchst abgeneigt, als Zeugen auszusagen, falls es sich um Strafvorschriften handelt, welche den öffentlichen Anstand sichern sollen; diese Vorschriften würden nahezu tote Buchstaben verbleiben, falls die Gerichte sich nicht mit den Zeugenaussagen von Polizeibeamten begnügten. Mit den Vorschlägen, welche im Dezember 1928 von einer anderen Kommission über das Ansprechen gemacht wurden, kann man sich grundsätzlich einverstanden erklären. Solange einzelne Bürger nicht tätig mitarbeiten und nicht bereit sind, auf dem Zeugenstand auszusagen, daß sie belästigt wurden, hat sich die Polizei nur mit den Fällen zu befassen, welche an oft vom Publikum besuchten Plätzen vorkommen. Verhindert werden diese strafbaren Handlungen am besten durch Polizeibeamte in Uniform; mit guten Erfolgen lassen sich weibliche Polizeibeamte in Uniform verwenden. Die Festnahme und Namenfeststellung der Personen, welchen ein unanständiges Benehmen zur Last gelegt wird, darf nicht durch Polizeibeamte in Zivil erfolgen. Ein fast unlösbares Problem wird der Polizei mit dem Wetten auf der Straße vorgelegt, nicht nur weil die Entdeckung dieser strafbaren Handlung schwierig ist, sondern hauptsächlich deshalb, weil ein beträchtlicher Teil der öffentlichen Meinung die Rechtsvorschriften als Klassengesetzgebung ansieht; sowohl logisch, wie auch moralisch fällt es schwer, mit diesen Rechtsvorschriften das neue Gesetz zu vereinbaren, welches die Verwendung von Totalisatoren gestattet. Die Rechtsvorschriften über Lotterien sind abzuändern und zu kodifizieren; einstweilen sind die Leiter der Polizeitruppen deutlicher über die Schritte zu belehren, welche sie vorzunehmen haben. Die Polizei hat auch zahlreiche Pflichten zu erfüllen, welche mit der Verhinderung und Entdeckung von strafbaren Handlungen nichts zu schaffen haben; werden der Polizei noch weitere Pflichten dieser Art aufgebürdet, so ist sie zu verstärken und das Publikum muß bereit sein, die dadurch entstehenden Kosten zu tragen.

Direktor der öffentlichen Strafverfolgungen. Der Direktor und die Polizei arbeiten in freundschaftlicher und wirksamer Weise miteinander. Das Amt des Direktors hat auch weiterhin in erster Linie ein strafverfolgendes, in Unterscheidung von einem untersuchenden, zu verbleiben; etwas Raum ist jedoch für eine häufigere Anwendung der Praxis vorhanden, in außergewöhnlichen Fällen Erklärungen durch das Personal des Direktors beurkunden zu lassen. Befriedigend ist die heutige Regelung der Fälle, mit welchen sich der Direktor befaßt; die Verordnungen auf Grund der Gesetze von 1879 und 1884 betr. Verfolgung von strafbaren Handlungen sind zu ändern und mit dem Gesetz von 1908 in Einklang zu bringen. Sämtliche Leiter von Polizeitruppen sind von neuem auf das Rundschreiben des Innenministers aufmerksam zu machen, welches die Fälle näher beschreibt, die sie dem Direktor vorzulegen haben.

Weibliche Polizeibeamte. In einer Anzahl von besonderen Fällen ist Raum für die Verwendung von weiblichen Polizeibeamten bei der Untersuchung von strafbaren Handlungen. In geschlechtlichen Sachen ist für die Beurkundung der Erklärungen aller jungen Mädchen und Kinder eine genügende Zahl fähiger und besonders geschulter Frauen verfügbar zu machen; nicht wesentlich ist, daß diese Pflichten von weiblichen Polizeibeamten erfüllt werden, welche eine Bescheinigung besitzen. Nicht ausreichend sind die Vorkehrungen, welche man im Bezirk der Hauptstadtpolizei für diesen Zweck machte; eine gemischte Zuhörerschaft bringt die erklärende Person in große Verlegenheit; eine schlechtere Vorkehrung läßt sich gar nicht machen. Gegen die Beurkundung der Erklärungen von Frauen durch männliche Polizeibeamte in geschlechtlichen Sachen ist nichts einzuwenden; weibliche Polizeibeamte sind jedoch, sofern sie zur Verfügung stehen, als zuständig anzusehen, diese Pflicht zu erfüllen. Weibliche Polizeibeamte in Uniform sind in weit größerer Zahl, als bisher, zu verwenden, um mit strafbaren Handlungen fertig zu werden, welche gegen den öffentlichen Anstand verstoßen; falls verfügbar sind weibliche Polizeibeamte ferner zu verwenden, um weibliche Gefangene zu begleiten, zu durchsuchen und zu beaufsichtigen. Viele der zahlreichen außerberuflichen Pflichten der Polizei, z. B. die Vornahme der in Gesetzen und Verordnungen aufgegebenen, besonderen Ermittelungen, lassen sich passender von weiblichen Polizeibeamten erfüllen. Letzteren ist auch ausreichende Gelegenheit zu geben, Detektivarbeiten allgemeiner und auch besonderer Art zu verrichten. Die Zeit ist reif für die Verwendung von weiblichen Polizeibeamten in weit größerer Zahl, insbesondere in Uniform im Wachrundedienst in den Städten. Die Entscheidung über die Anstellung weiblicher Polizeibeamten ist allerdings der Ortspolizei zu überlassen; alle Leiter von Polizeitruppen und alle Polizeibehörden sind jedoch darauf aufmerksam zu machen, daß man in mehreren Teilen unseres Landes weibliche Polizeibeamte mit Erfolg verwendet hat.

Abfällige Äußerungen über das Verhalten der Polizei bei Untersuchungen. Für ein Mißverhalten der Polizei bei der Untersuchung von strafbaren Handlungen liegt sehr wenig Beweis vor. Es ist allerdings unvermeidlich, daß in einer 56000 Mann starken Truppe vereinzelt derartige Fälle vorkommen; die vorhandenen Schutzmaßregeln machen es indessen unmöglich, daß systematische Ungehörigkeiten der Polizei bei Untersuchung von strafbaren Handlungen unentdeckt und unbehindert verbleiben. Kein Beweis liegt dafür vor, daß bei Untersuchung strafbarer Handlungen durch die Polizei eine Anwendung der unter dem Namen „Dritter Grad" bekannten Methoden vorkommt oder daß ihre Anwendung von der Polizei selbst geduldet werden würde. Personen in einflußreicher Stellung bezweifelten bei ihrer Vernehmung, daß alle freiwilligen Erklärungen, welche man jetzt vor Gericht als Beweis anbietet, freiwillig im strengen Sinne dieses Worts sind. Freiwilligkeit der Erklärungen wird am besten durch fortdauernde Wachsamkeit der

Gerichte gesichert, ferner dadurch, daß durch Belehrung und Vorangehen der Vorgesetzten ununterbrochen in allen Polizeibeamten ein Sinn für fair play ausgebildet wird. Kein Beweis liegt dafür vor, daß die Polizei aus der Zahl der von ihr erzielten Überführungen Vorteile zieht, oder daß sie geneigt ist, Beschuldigungen abzukarten oder auf Überführung von Personen zu drängen, welche sie für unschuldig hält. In den Vorschriften für die Polizei ist deutlich festzulegen, daß keinem Polizeibeamten gestattet ist, einer verhafteten Person über die Frage, ob sie vor Gericht Schuldig oder Nichtschuldig antworten soll, oder über andere Fragen in ihrer Sache Rat zu erteilen. Bestechung ist allerdings in der Polizei nicht unbekannt; ihr Umfang wurde jedoch sehr übertrieben; sie kommt hauptsächlich bei Erzwingung von Rechtsvorschriften vor, welche außer Einklang mit der öffentlichen Meinung stehen, oder bei deren Erzwingung der Mangel an ausreichenden Befugnissen die Polizei nötigt, ihre Zuflucht zu ungehörigen Entdeckungsmethoden zu nehmen; die ganze Schuld für die gelegentlich vorkommenden Fälle darf nicht der Polizei aufgebürdet werden; auch das Publikum ist mit einem Teil zu belasten. Kein Fall ungehöriger oder übereifriger Störung des Publikums wurde gegen die Polizeitruppe als ein Ganzes nachgewiesen. Ein besonderes Personal braucht dem Direktor der öffentlichen Strafverfolgungen nicht deshalb gegeben zu werden, weil er sonst nicht unabhängig von der Polizei Ermittelungen vornehmen kann, falls der Beschuldigte ein Polizeibeamter ist. Selbst wenn der Polizeibeamte von der geschädigten Person strafrechtlich verfolgt werden kann, hat die Polizei das Strafverfahren einzuleiten, es sei denn, daß die geschädigte Person darauf besteht, die Sache in ihren eigenen Händen zu behalten. Soweit tunlich haben sich die Leiter der Polizeitruppen persönlich mit Beschwerden des Publikums zu befassen und eine persönliche Besprechung mit dem Beschwerdeführer vor Erledigung der Sache als wertvoll anzusehen. Wie im Gesetz von 1927 betr. Berufungen im Falle der Entlassung aus dem Polizeidienst ist dem Staatssekretär die Befugnis zu geben, jederzeit Sachen, welche Disziplin und Verwaltung der Polizei betreffen, förmlich untersuchen zu lassen, mit der Ermächtigung, Urkundenvorlegung zu verlangen und Zeugen eidlich zu vernehmen. Nur wenig Beweis liegt für die Beschuldigung vor, die Polizei allgemein verhalte sich dem Publikum gegenüber mehr willkürlich und bedrückend als vor dem Kriege. Soweit es sich um Untersuchung von strafbaren Handlungen handelt, steht die Polizei, allgemein betrachtet, auf einer höheren Fähigkeitsstufe als früher; über Benehmen, Ton und Tüchtigkeit der Polizeitruppe als ein Ganzes hat die Kommission eine sehr günstige Meinung gewonnen. Gute Beziehungen zwischen Publikum und Polizei sind die Vorbedingung für die Lösung der Probleme, welche die Kommission zu prüfen hatte; alle gutgesinnten Bürger sollten als eine ihrer Hauptpflichten ansehen, alles, was in ihrer Macht liegt, zu tun, um alle vermeidbaren Ursachen von Reibungen und Mißverständnissen aus dem Wege zu räumen.

Keine Vorschläge machte die Kommission über die Behandlung von nicht willigen Zeugen, d. h. von Personen, welche allerdings über eine strafbare Handlung Mitteilungen zu machen vermögen, sich jedoch weigern, der Polizei Mitteilungen zu machen. Diesen Personen gegenüber ist die Polizei deshalb hilflos, weil sich Zeugenvorladungen erst nach Einleitung des gerichtlichen Strafverfahrens erwirken lassen. Die Folge der Weigerung, vor Einleitung des gerichtlichen Strafverfahrens Mitteilungen zu machen, kann sein, daß die Einleitung des gerichtlichen Strafverfahrens unmöglich wird. In Schottland und in Kanada befindet sich die Polizei nicht in dieser hilflosen Lage; Personen, welche vermutlich erhebliche Mitteilungen zu machen vermögen, können in beiden Ländern bereits vor Einleitung des gerichtlichen Strafverfahrens zwecks eidlicher Vernehmung vor den Polizeirichter geladen werden, unter Androhung von Strafen für den Fall, daß sie der Vorladung nicht nachkommen oder die Beantwortung von Fragen vor dem Polizeirichter verweigern. 1924 schlug eine Kommission vor, diese Befugnis auch in England zu gewähren. Die jetzt fragliche Kommission lehnte es ab, diese ernstliche Rechtsänderung vorzuschlagen; die Befugnis würde sich schwer mit dem Geist des englischen Strafverfahrens vereinbaren lassen.

Die Richterregeln, über deren Auslegung in der Polizei auffallende Meinungsverschiedenheiten bestanden, lauteten wie folgt:

(1) Sucht ein Polizeibeamter den Urheber eines Verbrechens zu entdecken, so ist nichts dagegen einzuwenden, daß er mit Bezug

darauf verdächtige oder nicht verdächtige Personen befragt, von denen er glaubt, nützliche Mitteilungen erlangen zu können.

(2) Hat ein Polizeibeamter sich entschlossen, eine Person eines Verbrechens zu beschuldigen, so hat er sie zu warnen, bevor er ihr Fragen bzw. weitere Fragen vorlegt.

(3) Verhaftete Personen dürfen erst nach der üblichen Verwarnung befragt werden.

(4) Wünscht der Gefangene freiwillig eine Erklärung abzugeben, so ist die übliche Verwarnung zu erteilen.

(5) Bei seiner förmlichen Beschuldigung ist dem Gefangenen die Verwarnung mit folgenden Worten zu erteilen: „Wünschen Sie etwas auf die Beschuldigung zu antworten? Es sei denn, daß Sie es wünschen, sind Sie nicht verpflichtet, irgendetwas zu sagen. Was auch immer Sie aber sagen, wird niedergeschrieben und kann als Beweis vorgelegt werden." Jede Andeutung, daß seine Antworten nur gegen ihn als Beweis verwendet werden können, ist sorgfältig zu vermeiden, weil eine unschuldige Person dadurch verhindert werden kann, eine Erklärung abzugeben, welche ihr helfen könnte, sich von der Beschuldigung zu entlasten.

(6) Eine Erklärung, welche ein Gefangener abgibt, bevor sich Zeit findet, ihn zu warnen, ist als Beweis nicht allein deshalb unzulässig, weil keine Verwarnung erteilt wurde; solchenfalls ist er jedoch sobald wie möglich zu warnen.

(7) Ein Gefangener, welcher freiwillige Erklärungen abgibt, darf nicht einem Kreuzverhör unterworfen werden; Fragen dürfen ihm darüber nur vorgelegt werden, um Zweideutigkeiten seiner wirklichen Worte zu beseitigen. Hat er z. B. eine Stunde erwähnt, ohne zu sagen, ob es am Morgen oder am Abend war, oder hat er einen Wochentag und einen Monatstag angegeben, welche nicht miteinander übereinstimmen, oder hat er nicht klargemacht, welche Person oder welchen Ort er an einer Stelle in seinen Erklärungen meinte, so darf er hinreichend befragt werden, um den Punkt aufzuklären.

(8) Werden Erklärungen mehrerer Personen, welche desselben Vergehens beschuldigt sind, voneinander getrennt beurkundet, so darf die Polizei diese Erklärungen nicht der anderen beschuldigten Person vorlesen; sie hat jedoch jeder dieser Personen eine Abschrift

dieser Erklärungen zu liefern. Die Polizei darf nichts sagen oder tun, um zu einer Erwiderung aufzufordern. Wünscht die beschuldigte Person mit einer Erklärung zu erwidern, so ist die übliche Verwarnung zu erteilen.

(9) Alle diesen Regeln entsprechend abgegebenen Erklärungen sind, wenn immer möglich, niederzuschreiben und von dem Erklärenden zu zeichnen, nach Vorlesung und Aufforderung, alle von ihm gewünschten Berichtigungen vorzunehmen.

Nachdem die zweite Kommission berichtet hatte, bat der Minister des Innern die Richter, sich über die Auslegung der Richterregeln gutachtlich zu äußern. Die Richter gaben das gewünschte Gutachten ab und bemerkten darin folgendes:

Mit der Regel 3 war niemals beabsichtigt, nach der Verwarnung einer verhafteten Person zu ihrer Befragung oder zu ihrem Kreuzverhör über das Verbrechen anzuregen oder zu ermächtigen, welches der Grund ihrer Verhaftung ist. Bereits lange Zeit vor Aufstellung dieser Regel und seit ihrer Aufstellung ist es Praxis des Richters gewesen, Antworten auf in so unstatthafter Weise gestellte Fragen nicht als Beweis zuzulassen. In einigen Fällen kann es jedoch statthaft und nötig sein, einer verhafteten Person nach ihrer Verwarnung Fragen vorzulegen. Z. B. eine wegen Einbruchs festgenommene Person kann vor ihrer förmlichen Beschuldigung sagen: „Ich habe die Sachen versteckt oder weggeworfen"; es würde statthaft sein, sie nach Verwarnung zu fragen: „Wo haben Sie die Sachen versteckt oder hingeworfen?" Vor ihrer förmlichen Beschuldigung, Verbrechen gewohnheitsmäßig zu begehen, würde ferner eine Person aufgefordert werden dürfen, anzugeben, was sie seit ihrer letzten Entlassung aus dem Gefängnis getan hat. Für derartige Fälle ist die Regel 3 gemeint; so verstanden, steht sie nicht im Widerspruch mit — und ist auch keine Beschränkung der Regel 7, welche alle Fragen über freiwillig abgegebene Erklärungen untersagt, mit Ausnahme der Fragen, welche notwendig sind, um Zweideutigkeiten aufzuklären. Für den Zweck der Regel 3 haben die Worte „verhaftete Personen" und „Gefangene" dieselbe Bedeutung. Vor der förmlichen Beschuldigung sollte die übliche Verwarnung lauten „Sie sind nicht verpflichtet, irgendetwas zu sagen; alles, was Sie sagen, kann jedoch als Beweis vorgelegt werden." Für die Zwecke der Regeln sind die Worte „Verbrechen" und „Vergehen" gleichbedeutend; eingeschlossen sind alle Vergehen, welche das Ergreifen oder die Festhaltung einer Person rechtfertigen.

Im Juli 1930 teilte der Minister dieses Gutachten den Leitern der Polizeitruppen mit und fügte selbst folgendes hinzu: In dieser Form ist die Warnung einfach, nachdrücklich und leicht verständlich; während der Untersuchung eines Verbrechens kann sie jederzeit benutzt werden, sobald es notwendig oder angebracht ist, eine Verwarnung zu erteilen. Befragt z. B. ein Polizeibeamter auf Grund der Regel 1 eine Person und kommt es zu einem Zeitpunkt, wo der Beamte die Person nicht weggehen lassen würde, bevor weitere Ermittelungen vorgenommen sind oder ein entstandener Verdacht aufgeklärt ist, so sollte vor weiterer Befragung die Verwarnung erteilt werden; sie ist gewiß vor der Befragung bzw. weiteren Befragung zu erteilen, falls der Person tatsächlich eine Beschränkung irgendeiner Art auferlegt wurde. Kommt es zur Warnung eines Gefangenen unmittelbar vor seiner förmlichen Beschuldigung, so ist die in Regel 5 vorgeschriebene Form zu wählen. Die Richterregeln wurden abgefaßt, um den mit der Untersuchung von Verbrechen beauftragten Polizeibeamten die Voraussetzungen zu erläutern, unter welchen Erklärungen verdächtiger oder beschuldigter Personen Aussicht haben, von den Gerichten als Beweis zugelassen zu werden. Mit der Untersuchung von Verbrechen werden in der Regel Polizeibeamte beauftragt, welche Erfahrungen besitzen. Vorschriften, welche alle Fälle regeln, lassen sich unmöglich abfassen. Die Polizeibeamten haben den Zweck der Richterregeln im Auge zu behalten; hauptsächlich soll durch dieselben gesichert werden, daß alle als Beweis angebotenen Erklärungen rein freiwillige Erklärungen sind und deshalb als Beweis zugelassen werden können. Bei der Befragung verdächtiger und anderer Personen muß das Verhalten der Polizeibeamten vor allen Dingen peinlich fair gegenüber den Personen sein, welche sie befragen; haben die Polizeibeamten vor Gericht über die Umstände auszusagen, unter welchen Erklärungen abgegeben oder beurkundet wurden, so müssen sie ferner mit voller Offenheit die Vorgänge dem Gericht genau beschreiben; der Richter hat alsdann zu entscheiden, ob die angebotenen Erklärungen als Beweis zuzulassen sind oder nicht.

Zu weiteren Änderungen hat die vom Parlament angeordnete Untersuchung nicht geführt; ihr eigentlicher Wert liegt in der Feststellung, daß auch heute noch in England die Auffassung herrscht, daß Sternkammermethoden nur durch Verbot der Befragung aus der Welt geschafft werden können. In anderen Ländern hat man sich damit begnügt, Sternkammermethoden zu untersagen; die Befragung hat man nicht verboten. Es gibt allerdings Länder, in welchen bei der Befragung keine Sternkammermethoden zur Anwendung kommen; nicht minder wahr ist jedoch, daß in Ost- und Südeuropa und in den Vereinigten Staaten bei der Befragung von Sternkammermethoden Gebrauch gemacht wird. Richtig ist mithin die englische Auffassung; Untersagung der Sternkammermethoden genügt nicht; die Befragung ist zu verbieten. Die Sternkammermethoden sind freilich heute nicht mehr dieselben, wie im Mittelalter; der Zweck ihrer Anwendung ist indessen noch der alte; man wendet sie an, um die befragte Person aus ihrem eigenen Munde zu überführen. Gelegenheit, ein Geständnis abzulegen, ist ohne Zweifel Personen zu gewähren, welche ihr Gewissen zu erleichtern wünschen. Diese Gelegenheit wird auch in England gewährt. Z. B. ein 38 Jahre alter Mann, welcher am 4. Januar 1931 eine Doppelehe geschlossen hatte, betrat am 8. Januar aus eigenem Antriebe eine Polizeiwache und legte freiwillig ein Geständnis ab; es folgte die öffentliche Voruntersuchung vor dem Polizeirichter; am 10. Januar verwies letzterer die Sache an das Zentralstrafgericht zur Hauptverhandlung; am 13. Januar genehmigte die Anklagejury die Anklageschrift; an demselben Tage verurteilte der Richter den Angeklagten zu einer Gefängnisstrafe von 12 Monaten (R. v. Hollis. — Central Criminal Court. — 13. Januar 1931). Freiwillige Geständnisse werden auf Wunsch auch nach Einleitung des Strafverfahrens beurkundet. Während der öffentlichen Voruntersuchung und in der Hauptverhandlung steht es ferner dem Beschuldigten frei, sich mündlich schuldig zu bekennen. Niemand darf jedoch eine beschuldigte Person befragen, um sie aus ihrem eigenen Munde zu überführen, es sei denn, daß sie sich selbst als Zeuge anbietet, d. h. freiwillig den Zeugenstand betritt. „Sie haben versucht", bemerkte der Polizeirichter, „am 23. Mai 1929 i. S. Rex v. Mortimer, die Beschuldigte aus ihrem eigenen Munde zu überführen. Wer sich benimmt, wie es sich gehört, sieht eine Person als unschuldig an bis ihre Schuld gerichtlich festgestellt ist. Sie wählten den Weg, die Beschuldigte zur Selbstüberführung zu veranlassen; das war ungewöhnlich im höchsten Grade." Auf die Befragung glaubt man in anderen Ländern deshalb nicht verzichten zu dürfen, weil die Befragung die Strafverfolgung erleichtert. Sogar in England hat man behauptet, die vom Parlament angeordnete Untersuchung habe zur Folge gehabt, daß in sieben Mordfällen des Jahres 1930 die Täter noch nicht entdeckt seien. Auf diese Behauptung antwortet am 22. Januar 1931 die englische Wochenschrift „Manchester Guardian Weekly" ganz richtig: „Selbst wenn feststehen würde, daß die Beweisbeschaffung der Polizei jetzt schwerer fällt, weil mit Mißtrauen auf Einschüchterung von Zeugen geschaut wird, könnte keine Lockerung der Vorschriften in Frage kommen, welche mit einem lasterhaften System Schluß machen sollen; die Freiheit des Untertans kommt erst." Zulassung der Befragung, um die Strafverfolgung zu erleichtern,. ist eine Geringschätzung der Freiheit des Bürgers.

Leipzig.

Dr. C. H. P. Inhulsen.

2. Lenz, Adolf, Grundriß der Kriminalbiologie. Werden und Wesen der Persönlichkeit des Täters nach Untersuchungen an Sträflingen. Wien 1927, Verlag Julius Springer, V und 252 S. mit 51 Textabbildungen. Preis brosch. 15 RM., geb. 16,80 RM.

Nach dem Vorwort ist die Arbeit ein Versuch, „die Ansätze einer Persönlichkeitslehre in der Philosophie, Medizin und Jurisprudenz systematisch auszubauen und auf den Verbrecher anzuwenden." Das Verbrechen wird als Aktualisierung einer körperlich-seelischen Potentialität, der Persönlichkeit, unter dem Einfluß der Umwelt aufgefaßt. Die „kriminalbiologische" Auffassung unterscheide sich von der „kriminalpsychologischen" dadurch, daß sie das gesamte Leben, das körperliche, wie das seelische, für Erkenntnis des Werdens und Wesens der Persönlichkeit verwerte. Nach dem Vorwort sind die vorzutragenden Lehren aus Untersuchungen und

Beschreibungen einer großen Anzahl von Verbrechern der Strafanstalt in Graz und der landesgerichtlichen Gefängnisse in Wien und Graz entstanden, von denen aber nur typische Erscheinungsformen (mit Abbildungen) beispielsweise beigegeben sind.

Der erste Teil des Werks behandelt die Grundlegung. Im ersten Kapitel die „Gegenstände" der „kriminalbiologischen" Betrachtung, das individuelle Leben, die Persönlichkeit, die durch die Merkmale der Einzigartigkeit, Einheit und Dauerhaftigkeit charakterisiert sei, den Typ — die Vielheit der individuellen Erscheinungsformen des Verbrechers könne nur erfaßt werden durch Aufstellung von Typen der Persönlichkeit, die Individualität des einzelnen Verbrechers werde dann durch Bezugnahme auf mehrere Typen gekennzeichnet —, das Verbrechen als individuelle Lebensäußerung, Entäußerung der Persönlichkeit in ihrer Ganzheit. Im zweiten Kapitel werden die Methoden entwickelt: die Erforschung des Werdens der Persönlichkeit (Lebenslauf, Ableitung aus Neigungen), die Erforschung des Wesens der Persönlichkeit als individueller Ganzheit (der seelische Ausdruck — die Ausdruckslehre läßt uns aus einem objektiv feststellbaren Ausdruck auf eine seelische Eigenschaft schließen —, die Aussage des Erlebenden selbst, das anschauliche Erfassen, „Sichhineinversetzen"). Im dritten Kapitel „Kriminalbiologie" werden Wesen und Problem dieser umrissen: „Die Kriminalbiologie ist die logisch geordnete (systematische) Lehre von der Persönlichkeit des Täters und von seinem Verbrechen als individuellem Erlebnis"[1]), erstes Problem derselben ist die Aufstellung einer Lehre von der Persönlichkeit selbst, Ermittlung „der körperlich-seelischen Gestalt", dann erwächst das Problem der Ableitung des einzelnen gemeinschädlichen oder gemeingefährlichen Verhaltens, das uns in der kriminellen Äußerung vorliegt, aus der Persönlichkeit.

Der zweite Teil behandelt den Aufbau der Persönlichkeit. Hier wieder im ersten Abschnitt „Grundbegriffe". Und zwar erstes Kapitel „Aktuelles" (= Leistung, Wirken): die „Lebensäußerung" (Leistungsvorgänge, Funktionen), der „Lebensinhalt" („Wirkungsfelder" der Lebensäußerungen, Hauptlebensinhalte: Ich, Sexu-

[1]) S. 20, besser die nachherige Fassung: „individuelle Lebensäußerung", S. 21: „Verbrechen als Auswirkung einer Persönlichkeit".

alität, Gesellschaft), der „Komplex" als Ganzheit von Äußerungen und Inhalten, das (die Persönlichkeit) gestaltende „Erlebnis", endlich das „Unbewußte". Als zweites Kapitel „Potentielles" (= Fähigkeit zu Leistung, die dem aktuellen Wirken zugrundeliegt): die „Neigung" (Anlage, Disposition zu körperlich-seelischem Wirken), speziell die „kriminogene Neigung" („Neigung", die erhöhte Wahrscheinlichkeit krimineller Entäußerung besitzt), die „Struktur" und die „Persönlichkeit" (Gefüge der Neigungen, z. B. Aggressivität, als „Teilstrukturen" sich zusammenschließend zur „Persönlichkeit" als relativ dauerhaftem Gefüge von „Teilstrukturen"). Der zweite Abschnitt behandelt das „Werden der Persönlichkeit". Im ersten Kapitel „Der Erbgang" das Erbgut — der Gegensatz von „Genotypus" (Erbbild) und „Phänotypus" (Erscheinungsbild) sei auch auf die psychische Verfassung zu übertragen —, dann speziell das „kriminogene Erbgut" (Betrachtung, ob nicht die aus dem Einzelleben ermittelten „kriminogenen" Dispositionen und Strukturen sich auch in der Persönlichkeit der Vorfahren finden, die Betrachtung dürfe aber nicht auf diese „erbbiologischen" Zusammenhänge beschränkt werden angesichts des überragenden Umwelteinflusses bei „exogenen" Verbrechen, s. u.). Das zweite Kapitel läßt sich über den „Lebenslauf" aus: die Gesamtheit der Erlebnisse, die von der Geburt bis zum Tod auf die ererbte Konstitution gestaltend gewirkt haben, „Tafeln des Lebenslaufs" geben Schemata, Fragebogen zur systematischen Ermittlung des Lebenslaufs des einzelnen Verbrechers. Dem Werden folgt im dritten Abschnitt „das Wesen der Persönlichkeit". Das erste Kapitel „die seelische Gestalt" spricht von der „individuellen Struktur", dem Aufbau der Persönlichkeit in mehreren Stufen: Grundlegende „Neigungen" (funktionelle und materielle), auf deren Verhältnis untereinander sich aufbauend die „Teilstruktur", die wechselseitig in Beziehung stehenden Teilstrukturen bilden in ihrer Ganzheit die „Gesamtstruktur" der Persönlichkeit; dann die „Ausgliederung" der „Struktur" (d. h. das Sichauseinanderlegen des Ganzen in seine Glieder, deren Wesen durch das Ganze bestimmt wird) und die „Eingliederung der Struktur" (d. h. die Rückverbundenheit jedes Glieds mit dem Ganzen). Im zweiten Kapitel werden die „Gestaltsymbole" erörtert, d. h. sinnfällige

Verkörperungen von Wesenszügen der Persönlichkeit, die selbst nicht sinnlich erkennbar sind, die „Körperbausymbolik" (der — ruhende — Körper als Ausdrucksmittel des Wesens der Persönlichkeit, Entsprechung von Körpergestaltung und Wesen der Persönlichkeit, bes. im Anschluß an Kretschmer, „Körperbau und Charakter"); die „Körperbewegungssymbolik" (Körperbewegung als Ausdrucksmittel des Wesens): Gesichtsausdruck, Schrift (Graphologie); die „Handlungssymbole" (Handlungen, „willensmäßige Entäußerungen" als Ausdruck des unbewußten Wesens der Persönlichkeit)[2]), wie Tracht, Verkehr usw., besonders ausführlich behandelt die Tätowierung. Der vierte Abschnitt bringt die „Persönlichkeitsumwelt", die Außenwelt, die auf die Entwicklung der Persönlichkeit, wie auf ihre Einstellung zur Zeit der Tat wirkt (Naturumwelt, Jahreszeit usw., mitmenschliche Umwelt, Kulturumwelt, besonders Beruf).

Das Verbrechen ist nach Verf. die Aktualisierung der Persönlichkeit unter dem Einflusse der Umwelt und so bildet die kriminelle Tat den Gegenstand des dritten Teils. Im ersten Kapitel die „Einstellung[3]) der Persönlichkeit zur Zeit der Tat", speziell die „kriminogene Einstellung" mit der anschließenden Begriffsbestimmung des „endogenen" Verbrechens, Reizursprung vorwiegend in der Innenwelt, gegenüber dem „exogenen". Im zweiten Kapitel folgt „die Umweltlage zur Zeit der Tat", speziell die kriminogene Tatumwelt („Gelegenheit", „Suggestion" u. ä.) mit der anschließenden Erörterung des „exogenen" Verbrechens, in erster Linie gekennzeichnet durch den Ursprung des Reizes aus der Umwelt. Das dritte Kapitel „Die Aktualisierung" bespricht die „Entäußerung", die sich aus der Einstellung der Persönlichkeit und der Umweltlage zur Zeit der Tat unter einem äußeren oder inneren Anreiz ergibt, besonders die Hemmungen, mangelnden Hemmungen, der Widerstreit von Antrieben und Hemmungen, der dabei in Betracht kommt — auch die seelische Einstellung nach der Tat.[4])

[2]) Dies trifft übrigens, wie schon hier kritisch bemerkt werden mag, auch bei der Schrift (Graphologie) zu.

[3]) Gleich „Richtungsbestimmtheit", Bereitschaft der Person zu bestimmter Äußerung in einem bestimmten Zeitpunkt.

[4]) Was, wie ebenfalls hier schon kritisch bemerkt werden mag, eigentlich gar nicht mehr zur „Entäußerung", „Aktualisierung" gehört.

Der vierte (Schluß-)Teil ist betitelt „Typen"[5]) und gliedert sich entsprechend dem im zweiten Teil, dritter Abschnitt Entwickelten. Danach erster Abschnitt „Dispositionstypen" (typische „Neigungen", „Gefühlsneigungen", besonders Über- und Unter-Erregbarkeit, „Verstandesneigungen", besonders minderer Intellekt, „Willensneigungen", besonders Willensstärke und Willensschwäche). Im zweiten Abschnitt „typische Strukturen" (Neigungsgefüge), „funktionale" (besonders „Auswärts"- und „Einwärtswendung", „Außen"- und „Innenmenschen", „Extraverte" und „Introverte"; weiter „zyklische" — ausgeglichene — Gefühlsstruktur und „gegensätzliche" — unausgeglichene — Gefühlsstruktur[6]), speziell die „Aggressivität"[7]) und ihre Symbole[8])) — „materiale" Strukturen: „Ichstrukturen", speziell „kriminogene" (vorherrschende Reizbarkeit des Ich, vorherrschende Ichsteigerung bei bewußter oder unbewußter Überlegenheit des Ich gegenüber der Umwelt, vorherrschende Ichminderung bei sich schwach oder minder Fühlenden), sexuelle Strukturen, speziell „kriminogene" (sexuelle Über- und Untererregbarkeit, Bisexualität), gesellschaftliche Strukturen (gesellschaftliche Einzeltriebe, wie Unterordnungsinstinkt, Nachahmungstrieb usw., religiöse, sittliche, rechtliche Gefühle), speziell „kriminogene" (außergesellschaftliche und gesellschaftswidrige Struktur). Der dritte Abschnitt schließt mit „Typischen Gesamtstrukturen (Persönlichkeiten)" — gebildet aus den im zweiten Abschnitte behandelten „Teilstrukturen": „Wir haben in der Struktur ein Gefüge von Neigungen erblickt und mehrfache Teilstrukturen unterschieden. Die Gesamtheit dieser Einzelstrukturen in ihrem sinnhaften Gefüge stellt eine neue Gestalt, die Gesamtstruktur oder die Persönlichkeit dar" (S. 222). Drei Gestaltungen vor allem gestatten nach Verf. eine Differenzierung der Persönlichkeiten: 1. Der Grad der

[5]) Unter „typisch" versteht Verf. (S. 134), was in einer Reihe von Fällen gleichmäßig wiederkehrt.

[6]) Im ersten Fall ausgeglichenes Verhältnis zwischen Heiterkeit und Traurigkeit, schwingende Gefühlskurve, im zweiten unausgeglichener Gegensatz zwischen Übererregbarkeit und Untererregbarkeit; Verf. lehnt sich hier, wie ersichtlich, an die Kretschmersche Unterscheidung des „zyklothymen" und „schizothymen" Temperamentstypus an.

[7]) Nach Verf. bei Zusammentreffen von Übererregbarkeit mit Entäußerungsdrang und Lust an Überwindung des Widerstands.

[8]) Bei „Aggressiven" habe der äußere Vorfall nur auslösende Wirkung.

Besonderung der gesamten Individualität (extreme: „Sonderling — geringe: Mensch „ohne Persönlichkeit), 2. Vereinheitlichung und Zerfall der „Teilstrukturen" („Ausgeglichener" — „Zerfahrener"), 3. Beständigkeit und Wechsel in der Beziehung der „Teilstrukturen" (Beständigkeit der Persönlichkeit — Unbeständigkeit).

Wir gehen zur kritischen Würdigung über.

Zunächst: nach dem Titel: „Werden und Wesen der Persönlichkeit des Täters" erwartet man eine „Biologie" „des" Verbrechers. Sofort erheben sich Bedenken, ob eine solche überhaupt möglich ist. Aus zwei Gesichtspunkten. Einmal ist doch sehr zweifelhaft, ob man für die Täter qualitativ und quantitativ so verschiedener, nur durch das Moment des staatlichen Verboten-, Mißbilligtseins[9]) und der Strafbarkeit verbundener Handlungsweisen, wie sie die in ihrer Gesamtheit „das Verbrechen" bildenden strafbaren Handlungen darstellen, etwas Gemeinsames über die Persönlichkeit ihrer Urheber sagen kann, Gemeinsames für Mörder, Diebe, Beleidiger, Betrüger usw. Dies zumal schon ein erster Blick lehrt, daß sogar bei demselben Delikt die Begehungsweise so vielfältig und verschieden ist, daß z. B. der berufsmäßige Fassadenkletterer und Einbrecher physisch und psychisch etwas völlig anderes darstellt, als der Angestellte, der aus Not und Schwäche ängstlich einige Mark aus der Ladenkasse entwendet. Sodann aber — ganz grundsätzlich — „Verbrecher" und „Verbrechen" sind nicht „biologische", naturwissenschaftlich-psychologische Begriffe, überhaupt nicht Seinsbegriffe, sind weiter nicht Begriffe, die, wie erstere, semper et ubique gelten, sondern Wert- oder Sollens-, normative Begriffe, und zwar positiv-normative, wechselnd nach Staat und Volk, nach Ort und Zeit, jede Änderung der Strafgesetzgebung, z. B. eine solch grundlegende, wie die Sowjetstrafgesetzgebung in Rußland, kann einen ganz anderen „Verbrecher"- und „Verbrechens"-Begriff bringen,[10]) ja selbst bei gleichbleibender Gesetzgebung können Änderungen in der Auslegung, in der Recht-

---

[9]) Man kann auch sagen: des staatlichen Unwerturteils über die Tat als „gesellschaftsschädlich", ohne daß dies am Folgenden etwas ändert.

[10]) S. Orschansky, Mitt. der kriminalbiol. Gesellsch., Bd. I (1928) S. 64: Der moderne Verbrecher unterscheide sich wesentlich vom Verbrecher des Rußlands vor dem Kriege. Das ist kein Wunder, wenn zum Verbrechen gestempelt wird, was bisher keines war und umgekehrt!

sprechung hier einschneidend eingreifen. Wie kann man also über die unter einem ganz heterogenen, inkommensurablen, nichtbiologischen Gesichtspunkt abgegrenzten, prädizierten und zusammengefaßten Täter von „Verbrechen", über „den" „Verbrecher" (generell), etwas gemeinsam und spezifisch für sie geltendes Biologisches aussagen (dasselbe gilt, wenn man über die Ursachen „des" „Verbrechens" — generell — etwas aussagen will).[11]) Will man aber dem ausweichen, indem man einen metajuristischen Begriff eines „natürlichen" Verbrechens bildet — Ferri und besonders Garofalo[12]) haben zur Stützung der Lombrososchen Lehre diesen Ausweg ergriffen[13]) —, so verliert man damit den festen Boden unter den Füßen und gerät in reine subjektive Wertungen hinein (was ist ein „natürliches Verbrechen"?), entgeht aber außerdem auch dann nicht der Einwendung, daß es sich auch bei „natürlichem" „Verbrechen" und „Verbrecher" um einen normativen, Wertbegriff handle. Lenz hat dies offenbar erkannt, er betont (S. 8) nachdrücklich, die Kriminalbiologie müsse den „Verbrecher" im Sinne des Strafrechts zum Ausgangspunkt nahmen, den Menschen, der eine strafbedrohte, schuldhafte Verletzung oder Gefährdung begangen hat, und lehnt einen hievon

[11]) Wie die anthropologische Schule (Lombroso, Ferri, Garofalo), die soziologische (Turati) und die gemischte (v. Liszt — über welchen in dieser Richtung jetzt besonders zu vergleichen ist Gleispach, ZStW. 48, 107ff. — u. a.) in der „Verbrechensätiologie". Auch bei „Ursachen" handelt es sich um eine auf Seinszusammenhänge gerichtete, auf allgemeine Gültigkeit semper et ubique (Kausalgesetze) abstellende Betrachtungsweise im Gegensatz zu den positiv-normativ abgegrenzten, prädizierten und zusammengefaßten „Verbrechen". Wie soll es spezifische und gemeinsame Ursachen für „das" positiv-normativ abgegrenzte, prädizierte und zusammengefaßte „Verbrechen" geben? Auch Lenz will das Verbrechen kausal erfassen (s. Vorwort und S. 21: Das Verbrechen als Auswirkung der Persönlichkeit unter dem Einfluß der Umwelt — letztere als Faktor der Entwicklung der Persönlichkeit und für ihre Einstellung zur Zeit der Tat wirksam, S. 97 u.; S. 104—134: „Die kriminelle Tat"), spricht von „kriminogenen Neigungen" usw., aber dieser Gesichtspunkt ist nicht der eigentlich Beherrschende, sondern der der Erfassung der Verbrecherpersönlichkeit, Beschreibung und Kausalerklärung sind nicht klar getrennt (s. für Trennung z. B. Gleispach, ZStW. 48, 116, 123, 131), und außerdem denkt er an die einzelne Verbrechenstat, worüber sofort.

[12]) Garofalo, R., Criminologia, 2. Aufl. 1891, S. 1ff. („il delitto naturale").

[13]) Auch v. Rohden in seiner Wiedererneuerung der Lombrososchen Lehre vom „geborenen Verbrecher", Arch. Psychiatr., Bd. 92 (1930) S. 140ff. geht von einem metajuristischen „Verbrechens"-Begriff aus (s. S. 149 Z. 5: „Diese Gruppe — des geborenen Verbrechers — besteht unabhängig von zeitlich und örtlich wechselnden straf- und sittengesetzlichen Normen und Anschauungen"). Nicht ganz unbedenklich in dieser Richtung auch Gleispach, ZStW. 48 S. 100.

verschiedenen „anthropologischen" Verbrechensbegriff ab.[14]) Der oben betonten Schwierigkeit — wie soll „der" verbrecherische Mensch in diesem Sinn eine biologische Einheit bilden, über ihn gemeinsames und spezifisches Biologisches sich sagen lassen? — will Lenz offenbar — er ist in all diesen grundlegenden Fragen nicht ganz klar — dadurch ausweichen, daß er individualisierend vorgehen, den „Verbrecher" als „ein individuelles Wirkungssystem" (S. 9) behandeln, „individuelle Kriminalbiologie" treiben will.[15]) Also nicht eigentlich „den" „Verbrecher" (überhaupt), sondern die einzelnen rechtsbrechenden Menschen will er erfassen. Aber eine rein kasuistische biologische Beschreibung des Körpers und der Psyche einzelner Menschen, die etwas pekziert haben; die Feststellung, daß X, der gestohlen oder betrogen oder gerauft hat, so und so gebaut ist, so und so in der Schule sich betragen, die und die Lehrzeit durchgemacht hat usw., wäre höchstens Rohmaterial für eine Wissenschaft — sozusagen eine Art Photographiealbum für weiteren Gebrauch — aber nicht Wissenschaft, jedenfalls nicht biologische, denn diese als zur Naturwissenschaft bzw. Psychologie gehörig ist doch sicher „nomothetisch" im Sinne Windelband-Rickerts, auf Typen und Gesetze gerichtet. Außerdem ist eine restlose wissenschaftliche Erfassung des rein Individuellen, weil es als ganz einzigartiges irrational ist, gar nicht möglich. Lenz gibt nun aber auch nicht kasuistische Beschreibungen einzelner rechtsbrechender Menschen auf Grund von Untersuchungen solcher, wie er sie selbst in großem Umfang angestellt hat, — oder besser: er gibt sie nur beiläufig, beispielsweise, zur Illustration, Verdeutlichung. Auch er zielt ab auf Darlegung von Allgemeinem. Aber er sucht die eben berührten Schwierigkeiten dadurch zu vermeiden, daß er nicht inhaltlich Allgemeines über „den" verbrecherischen Menschen bringt, andererseits auch nicht bloße Einzelschilderungen bestimmter

[14]) S. auch S. 21: „Den Begriff des ‚Kriminellen' entnimmt sie (die Kriminalbiologie) der Strafrechtswissenschaft, die ihn aus dem positiven Strafrecht ableitet" (von mir unterstrichen).

[15]) A. a. O. „Die hier vertretene biologische Betrachtung erfaßt den Verbrecher als ein individuelles Wirkungssystem". S. auch S. 20: „Die Kriminalbiologie ist die logisch geordnete (systematische) Lehre von der Persönlichkeit des Täters und von seinem Verbrechen als individuellem Erlebnis"; „da sich die Kriminalbiologie in dem hier vertretenen Sinne mit den Besonderheiten der Lebenserscheinungen beim einzelnen Verbrecher befaßt, wird sie mit dem Ausdruck ‚Individuelle Kriminalbiologie' genauer gekennzeichnet."

Verbrecher, sondern allgemeine Gesichtspunkte, eine Kategorienlehre[16]), ein Begriffssystem zur Erfassung von Körper und Psyche der einzelnen rechtsbrechenden Menschen, sozusagen eine sehr umfassende Anleitung zum „Photographieren" solcher. Dadurch bekommt das ganze Buch etwas merkwürdig Blutloses, weil eben nur ein Gerüst oder Gerippe gegeben wird. Selbst in der „Typenlehre", wo man nach der Überschrift die Aufstellung von Verbrechertypen, eine „biologische" Klassifikation der Verbrecher erwartet, wird nur eine Aufzählung von allgemeinen Gesichtspunkten gegeben, die bei Aufstellung und Anwendung von Typen zu beachten sein sollen.

Mit dem Gesagten hängt aber noch weiteres zusammen. Die Darlegungen von Lenz sind weithin gar nicht spezifisch kriminalbiologisch. Die von ihm aufgestellten Gesichtspunkte, Kategorien, Begriffe sind solche, die gebildet sind zur Erfassung menschlicher Persönlichkeit überhaupt, nicht speziell verbrecherischer Persönlichkeiten. Freilich ist vielfach von speziell auf Verbrecher und Verbrechen Bezüglichem die Rede, von der Anwendung der Persönlichkeitslehre auf den Verbrecher[17]), von „kriminogenen" Dispositionen, Neigungen (S. 9, 27, 34ff.), d. h. solchen, „die unter dem Einfluß der Umwelt eine erhöhte Wahrscheinlichkeit krimineller Entäußerung, einer strafbaren Verletzung oder Gefährdung von Rechtsgütern der Gesellschaft besitzen", von „kriminogenem Erbgut" (S. 39ff.), „kriminogener Umwelt" (S. 98), „kriminogener Einstellung" (S. 105ff.), „krimineller Entäußerung" (S. 130), „kriminogenen Typen" (S. 135f.), „kriminogenen" Ich- (S. 186), Sexual- (S. 196), Gesellschaftsstrukturen (S. 216), „krimineller Bedeutsamkeit" der Persönlichkeiten, Gesamtstrukturen (S. 223). Aber diese Betrachtungen betr. das spezifisch Verbrecherische sind im ganzen mehr nur angefügt (nur die Beispiele sind sämtlich der Verbrecherwelt entnommen). Außerdem sind dieselben methodisch nicht einwandfrei, es wird dabei immer schon vorausgesetzt, daß es spezifisch

---

[16]) Charakteristisch S. 53 o.: „Wir haben daher bei der Darstellung des Wesens der Persönlichkeit zunächst die Weisen (Kategorien) zu entwickeln, die für die Persönlichkeitslehre von Bedeutung sind".

[17]) Vorwort und S. 21 („erstes Problem, die Aufstellung einer Lehre von der Persönlichkeit selbst, die der Betrachtung der kriminell gewordenen zugrunde gelegt werden kann").

„kriminogene" Neigungen usw. überhaupt gibt, und daß bestimmte Neigungen und Strukturen usw. spezifisch „kriminogene" sind, unter Berufung auf eine „generalisierende Betrachtung", die zugrunde zu legen sei,[18]) bzw. auf die „Erfahrung",[19]) damit aber eigentlich das Resultat schon vorausgenommen, für das eben die Einzelbeschreibung erst Material liefern könnte und sollte: aus der Feststellung, welche seelischen und körperlichen Züge, Neigungen usw. bei rechtsbrechenden Menschen im Gegensatz zu „Nichtverbrechern" sich besonders häufig finden, auf eine Affinität zwischen solchen und der Verbrechensbegehung zu schließen, wobei freilich immer noch die oben berührte Schwierigkeit bestünde, daß „Verbrecher" und „Verbrechen" keine biologischen Begriffe sind, also die Gegenstände der zugrundeliegenden Vergleichung nicht biologisch abgegrenzt sind, während man biologische Resultate sucht. Aber Lenz will eben dann doch wieder eine Kriminalbiologie schreiben, seine „Anleitung zum Photographieren", wie wir vorhin bildlich die Darstellung genannt haben, will doch wieder speziell eine solche zum Photographieren von Verbrechern sein, deshalb gibt er hier auch Gesichtspunkte in der Richtung, worauf als auf spezifisch Verbrecherisches beim „Photographieren" einzelner Verbrecher besonders zu achten sei.

Mit dem vorher Genannten, dem Zurücktreten des spezifisch Kriminellen, hängt wiederum ein Doppeltes zusammen.

Einmal, daß die zahlreichen, zur Illustration in Wort und Bild gegebenen Schilderungen von Verbrechern den sonstigen Ausführungen mehr nur „angeklebt" erscheinen, nicht eigentlich organisch aus ihnen herauswachsen — oder letztere aus ersteren —, infolgedessen nicht recht überzeugend wirken. So wenn S. 41f. als „Beispiel

---

[18]) S. S. 13: „Es ist nötig zu wissen, welche Tatsachen und Erlebnisse am häufigsten auf Grund einer generalisierenden Betrachtung krimineller Lebensläufe zum Verbrechen führen. Daher ist die generalisierende Betrachtung zugrunde zu legen: sie zieht aus einer größeren Zahl von Beobachtungen oder geradezu aus der Massenbeobachtung nach den Methoden der Kriminalstatistik mehr oder minder allgemeine Schlüsse, und stellt sie systematisch geordnet dar", S. 18: „Da wir einzelne Dispositionen, wie z. B. die Reizbarkeit, und einzelne Gefüge mehrerer Dispositionen, wie z. B. die Aggressivität, als verbrechenserzeugend (kriminogen) hingestellt haben".

[19]) S. S. 41: „Dispositionen und Strukturen, die erfahrungsgemäß verbrechenserzeugend sind." S. auch Seelig, Mitt. d. kriminalbiol. Gesellsch., Bd. I, 1928, S. 68o.

ererbter kriminogener Neigungen" der Fall eines Raufbolds und Totschlägers angeführt wird, dessen Vater chronischer Trinker und ebenso wie ein Bruder und eine Schwester wegen Raufhandels bestraft sei, in einem zweiten Fall nur erwähnt wird, beide Eltern seien Gewohnheitstrinker und der Vater an Säuferwahnsinn gestorben, die Mutter in der Irrenanstalt u. ä., S. 230 ff. als Beispiel „extremer Individuation" ein Fall wiedergegeben wird, der eigentlich viel eher zu S. 223 („Besonderung") zu stellen ist, als zu S. 230 („Zerfahrenheit"), wozu er gestellt ist usw.

Sodann, daß eine Darlegung der Bedeutung dieser „Kriminalbiologie" für die praktische Handhabung des Strafrechts ganz fehlt. Sie könnte[20]) in Richtung auf Fragen der Schuld, Zurechnungsfähigkeit und Maß der Schuld („Verschulden"), damit zusammenhängend der Strafzumessung nach Art und Maß, der Anwendung von Sicherungs- und Besserungsmaßregeln, der Gestaltung des Strafvollzugs erörtert werden. Aber was Verf. in dieser Richtung bietet (bes. S. 21, 34 f., 44, 110 f., 122 f.), ist viel zu spärlich, sind mehr nur gelegentliche Bemerkungen.

Also in Summa: der Verf. glaubt eine „Kriminalbiologie" zu schreiben, schreibt aber im Grunde keine, und schreibt mit Recht keine. Mit Recht keine, denn eine solche ist aus den oben bereits angeführten Gründen streng genommen nicht möglich als spezifische Biologie „des" Verbrechers[21]), — so wenig wie streng genommen eine spezifische Ätiologie „des" Verbrechens möglich ist.[22]) Was (bis zu einem gewissen Grad) möglich ist, ist eine Erfassung der Persönlichkeit des einzelnen Verbrechers, ebenso wie eine kausale Erforschung des einzelnen Verbrechens. Bei der auf erstere gerichteten Tätigkeit ist dem Verf. durchaus zuzugeben, daß sich diese auf seine gesamte Persönlichkeit, auch die körperliche Seite derselben erstrecken, in diesem Sinn „biologisch" sein muß, auch wenn man, worüber unten noch ein Wort, ein Sichentsprechen von bestimmtem Körperlichem

---

[20]) S. Lenz selbst S. 21.

[21]) Auch nicht als spezifische biologische Einteilung „des" Verbrechers, d. h. der Verbrechergesamtheit, als Aufstellung spezifischer biologischer Typen, Klassifikationen „des" Verbrechers.

[22]) S. o. Anm. 11 Bemerktes.

und bestimmtem Seelischem der Persönlichkeit[23]) nicht als erwiesen anerkennt. Für eine solche Betrachtung des einzelnen Verbrechers bzw. Verbrechens kommen nun, eben weil sie „biologisch", „kausal" ist, nicht besondere Begriffe und Methoden in Betracht. Es handelt sich dabei nicht um eine Spezifisches betr. kriminelle Persönlichkeiten bzw. Verbrechensursachen entwickelnde Wissenschaft, die doch aus solcher Einzelbeschreibung bzw. Einzelerforschung erst abgeleitet werden müßte und an dem nicht „biologischen", nicht naturwissenschaftlich-psychologischen Charakter der Grundbegriffe „Verbrecher" und „Verbrechen" scheitern müßte. Es kommen hier vielmehr die allgemeinen naturwissenschaftlichen und psychologischen, einschließlich psychiatrischen Begriffe und Methoden in Betracht, bezüglich deren freilich eine kritischere Stellungnahme stattzufinden hätte, als sie sich bei Verf. findet. Der (einzelne) Verbrecher wird erfaßt, wie andere Persönlichkeiten, das (einzelne) Verbrechen kausal erklärt, wie andere menschliche Handlungen.

Es wurde eben gesagt: es hätte bezüglich der allgemeinen naturwissenschaftlichen und psychologischen Begriffe und Methoden eine kritischere Stellungnahme seitens des Verf. stattfinden sollen. Den Begriffs- und Methodenapparat für die Erfassung der menschlichen Persönlichkeit überhaupt — nach dem Gesagten die Hauptsache — bezieht Verf. aus der heutigen Literatur auf psychologischen und psychiatrischen Gebiet, herangezogen werden Spann, Stern, Müller-Freienfels, Klages, Freud, Jung, Jaspers, Spranger u. a. Es wird hier aber mit einem zu wenig sichtenden und sondernden Eklektizismus verfahren: es handelt sich doch, wie schon die genannten Namen zeigen, um Äußerungen von sehr verschiedenartigen, z. T. unter sich nicht oder kaum vereinbaren Standpunkten aus (Psychoanalytiker, wie Freud und Jung, Sterns Personalismus, Spanns Kategorienlehre, die Lebenspsychologie von Müller-Freienfels, die Charakterologie von Klages), wie sie unsere heutige, in eine Reihe von Psychologien zersplitterte Psychologie zeigt. Mangelnde Kritik bzw. Begründung werden wir besonders in zwei Richtungen finden: in der Frage der Vererbung der psychischen Verfassung (was Verf. in der kurzen Anmerkung 2

[23]) Wie es Lenz im Anschluß bes. an Kretschmer annehmen will.

auf S. 38 hiezu sagt, kann doch für dieses schwierige Gebiet nicht genügen), und in der Frage des Sichentsprechens von Körperbau und Psychischem („Körperbau und Charakter")[24], wobei Verf. sich in der Hauptsache an Kretschmer anschließt,[25]) dessen Thesen bei all der hohen, seinen Arbeiten zukommenden Bedeutung, besonders in heuristischer Beziehung, doch, vor allem hinsichtlich der Normalen, nicht einfach als feststehend betrachtet werden können,[26]) wie überhaupt die ganze Frage des Ob, Wieweit und Inwiefern des Sichentsprechens von sinnlich Wahrnehmbarem und Psychischem in der Persönlichkeitsforschung viel mehr als eine noch offene hätte behandelt werden sollen.[27]) Auffallend stiefmütterlich und nur bei der Intelligenzprüfung behandelt sind die Testmethoden (S. 147), das Rorschachsche Verfahren ist z. B. überhaupt nicht erwähnt, obwohl es für charakterologische Aufschlüsse in Frage kommt.

Sachlich tritt bezüglich des „Funktionalen" die intellektuelle Seite stark zurück gegenüber dem Emotionalen — schon der grundlegende Begriff der „Neigung" ist in letzterer Richtung gefärbt —, bezüglich des „Inhaltlichen" werden als „Hauptlebensinhalte" (S. 25, 182ff.) Ich, Sexualität und Gesellschaft behandelt, eine Dreiteilung, deren Einteilungsprinzip nicht klar und die sicher nicht erschöpfend ist.

Trotz einer gewissen Weitschweifigkeit und häufiger Wiederholungen sind die entscheidenden Begriffe nicht immer klar heraus-

---

[24]) S. S. 64: „Entsprechung körperlicher Besonderheiten und seelischer Besonderheiten, einer biologischen Entsprechung von Körper und Seele der Persönlichkeit", S. 65ff. „Körperbausymbolik".

[25]) Wenn er die beiden Kretschmerschen Typen der Schizothymen und Zyklothymen als nicht allein ausreichend bezeichnet (S. 40, 66), so wird dies auch von Kretschmer selbst nicht bestritten, s. Kretschmer, Körperbau und Charakter, 2. Aufl., Vorwort S. VI und S. 136; 7. u. 8. Aufl. (1929) S. 153. Selbstverständlich kommt nach dem oben Gesagten die allgemeine biologische bzw. charakterologische Typenlehre bei Erfassung der Verbrecherpersönlichkeit und Erforschung der Verbrechensursachen in Betracht.

[26]) Vgl. neuestens in dieser Richtung z. B. C. Schneider, Die Psychologie der Schizophrenen, 1930, S. 6. Ein kurzer Bericht über die verschiedene Stellungnahme zu den Kretschmerschen Thesen bei Böhmer, MKrimPsych. Bd. 19 S. 198ff.

[27]) Auch die des Sichentsprechens von Psychischem und von sinnlich Wahrnehmbarem, das durch menschlichen Willensakt hervorgebracht ist (z. B. Handschrift), noch mehr von Psychischem und dem ohne solchen Willensakt Entstandenem (Körperbau).

gearbeitet, nicht einmal so grundlegende, wie der des „Typus“.[28]) Auch das Verhältnis von Teil 4 „Typen“ gegenüber Teil 2 und 3 „Aufbau der Persönlichkeit“ und „kriminelle Tat“ ist nicht deutlich, die Anordnung stimmt auch nicht mit der „Grundlegung“ (S. 3ff.) überein.[29])

Dagegen muß voll anerkannt werden der rege wissenschaftliche Eifer, die ehrliche Begeisterung des Verf. für seine Aufgabe, mit der das Buch unverkennbar geschrieben ist, und die gewaltige Arbeitsleistung, die in der Heranziehung einer umfangreichen Literatur vorliegt. Im Einzelnen findet sich eine Reihe feiner und interessanter Bemerkungen z. B. betr. Tätowierung S. 88ff. Und überhaupt: die oben (bis zu einem gewissen Grad) als möglich bezeichnete Erfassung der Persönlichkeit des einzelnen Verbrechers, des Verbrecherindividuums, die „Täterbetrachtung“, wie die kausale Erforschung der einzelnen Verbrechenstat ist eine Notwendigkeit bei der praktischen Handhabung des Strafrechts zur Lösung der oben bezeichneten Fragen der Schuld usw. Für diese Erfassung bzw. Erforschung, die, wie gesagt, die Begriffe und Methoden der Biologie (einschließlich Psychologie und Psychiatrie) anzuwenden hat, gibt sein Werk wertvolle Winke, besonders auch in den Tabellen S. 45ff. Die forensische Beurteilung des Beobachteten freilich erfolgt in Werturteilen, die als solche jenseits des Beobachteten liegen, und zwar nicht bloß soweit es sich um Schuld (Zurechnungsfähigkeit als Voraussetzung, „Verschulden“ als Maß der — normativen — „Vorwerfbarkeit“), sondern auch soweit es sich z. B. um „Unverbesserlichkeit“ handelt.[30]) Wertbegriffe, normative Gesichtspunkte geben aber auch schon vorher, bei der forensischen Betrachtung und Erforschung, die Richtpunkte dafür, auf welche Seiten der Persönlichkeit, auf

---

[28]) Es ist hier nicht klar gesagt, daß es sich um eine regelmäßige Kombination handelt, die Ausführungen S. 10 sind in dieser Richtung widerspruchsvoll (zuerst „nur einzelne Eigenheiten oder eine Kombination“, nachher: „Zusammenhänge“, so auch die Anm. 1 das. Zitierten, die von Vereinigtsein, Verbundensein von Merkmalen sprechen).

[29]) Hier ist angeordnet: Die Persönlichkeit, die Typen als Mittel zur Kennzeichnung derselben (S. 10), das Verbrechen als Lebensäußerung der Persönlichkeit.

[30]) Neuerdings mit Recht betont von Mezger, Mitt. d. kriminalbiol. Gesellsch Bd. II (1929) S. 34f. Betr. die Zurechnungsfähigkeit s. dens. a. a. O. S. 31; betr. Schuld a. a. O. S. 33, zusammenfassend S. 35.

welche Bedingungen der Tat besonders zu achten ist[31]) — was Verf. mit dem „spezifisch kriminogen“ meint —, obenan der Wertbegriff „Verbrechen“ selbst, dann Wertgesichtspunkte wie „Verschulden“, „Zurechnungsfähigkeit“, „Unverbesserlichkeit“. Das sind aber nicht wissenschaftliche, sondern praktische, normative Gesichtspunkte, Wertmaßstäbe, auf die eine „Kriminalbiologie“ als spezifischer Zweig der biologischen Wissenschaft nicht gegründet werden kann.[32]) Soweit die Erfassung der Persönlichkeit eines Verbrechers und die Erforschung der Ursachen eines Verbrechens „biologisch“ ist, ist sie nicht spezifisch auf Kriminelles abgestellt; soweit sie spezifisch auf Kriminelles abgestellt ist, ist sie nicht „biologisch“.[33]) Dafür ist gerade auch das Werk des Verf. mit seinem Auseinandergehen von scheinbarem Ziel und wirklichem Gehalt ein Beleg.

Tübingen. Professor Dr. A. Hegler.

3. Mitteilungen der kriminalbiologischen Gesellschaft. (Tagung in Wien zu Pfingsten 1927.) Graz (Moser) 1928. 85 S.

Die von Adolf Lenz in Graz gegründete „Kriminalbiologische Gesellschaft“ gibt hier das erste Heft ihrer Mitteilungen heraus, enthaltend — außer einem Vorwort über die Ziele derselben von Lenz und den Aufbau derselben am Anfang und den bei der Wiener Tagung (Pfingsten 1928) gefaßten Resolutionen am Schluß — die wissenschaftlichen Vorträge bei dieser Tagung.

Lenz selbst behandelt die Probleme der „Kriminalbiologie“ im wesentlichen entsprechend seinem Grundriß derselben,[1]) aber mit

---

[31]) Vgl. in dieser Richtung auch Gleispach, ZStW. 48, 113ff., 125ff., bes. 126 unten, 128.

[32]) Dazu kommt, daß es sich bei „Individualität“, wie schon o. bemerkt, im letzten Grund um etwas Irrationales, wissenschaftlich nicht Erfaßbares handelt. Auch dies wird mit Recht betont bei Mezger a. a. O. S. 28, 29, 33, 35. Beide Gesichtspunkte kommen natürlich auch betr. (und gegen) eine „Verbrechensätiologie“ in Betracht.

[33]) Das schließt natürlich nicht aus, daß, entsprechend wie in der gerichtlichen Medizin, erfahrungsmäßig in foro besonders wichtige Fragen und Ausschnitte der allgemeinen biologischen Wissenschaft besonders behandelt und durch forensisch-kriminelles Material illustriert werden. Aber das ist eine Auslese und Zusammenstellung nur unter praktischem Gesichtspunkte.

[1]) S. die Rezension desselben in dieser Zeitschrift, Bd. 61 (25) S. 102ff.

stärkerer Betonung des speziell „Kriminalbiologischen",[2]) neu eingeführt wird der Begriff der „Persönlichkeitsänderung" (S. 14).

Ein Bericht von v. Neureiter betrifft den „kriminalbiologischen" Dienst in Belgien, wo auf Betreiben Vervaecks seit 1920 eine anthropologische Untersuchung der Gefangenen eingeführt ist, mit Zusammenstellung der Ergebnisse in einem Bericht, der der Gefängnisleitung vorgelegt wird, sodann seine eigenen Bemühungen in Lettland, Gründung eines „kriminalbiologischen" Kabinetts in Riga.

Viernstein, der geistige Urheber des in den bayerischen Strafanstalten eingerichteten „kriminalbiologischen" Untersuchungsdiensts (seit 1923), spricht über die Frage, ob es möglich ist, Typen des „besserungsfähigen" und des „unverbesserlichen" Rechtsbrechers aufzustellen. Er bejaht diese Frage, wobei er den Begriff des „Unverbesserlichen" als einen „biologischen" bezeichnet, was nicht zutreffend ist[3]) (s. dazu meine Rezension des Grundrisses von Lenz in dieser Zeitschrift Bd. 61 [25] S. 115 Anm. 30), und gibt eine Definition der „Unverbesserlichen" im Gegensatz zu den „Verbesserlichen" (S. 34). Zu ersteren rechnet er die moralisch Schwachsinnigen (S. 39), nicht unterschiedslos die „Desequilibrierten" (S. 41) und Brandstifter (S. 43), ebenso von den Sexualverbrechern nur einen „wohlumschriebenen Teil" (S. 43), „nach Umständen" die hysterischen und sonstigen pathologischen Schwindler (S. 43), vielleicht auch noch andere Psychopathen, wie die fanatischen und querulierenden, weiter die chronisch rückfälligen Zuhälter (S. 44), zusammengefaßt: Typen mit zumeist gegebenem Übergewicht einer bestimmten inneren Veranlagung und hieraus sich ableitender ungünstiger sozialer Prognose (S. 44f.), die „vorwiegend endogenen" Verbrecher, außerdem die „mehr schwächliche Kriminalität des Bettels und der Landstreicher" (S. 45). Ihnen stehen gegenüber die Rechtsbrecher „mit stärkerer exogener Komponente in den Ursachen der strafgesetzlichen Verfeh-

---

[2]) S. dazu meine Bemerkungen in der gen. Rezension.

[3]) Auch der Begriff des „Verbrechers" bei Viernstein ist anfechtbar, S. 26: „Der Verüber einer Handlung, die sich als bewußte und gewollte Verletzung einer augenblicklich strafgesetzlich geschützten Gemeinwesensnorm darstellt" — er berücksichtigt nicht die Fahrlässigkeitsdelikte und setzt das „Bewußtsein der Rechtswidrigkeit" als gefordert voraus, zeigt übrigens deutlich das „Nichtbiologische" des „Verbrecher"begriffs („augenblicklich strafgesetzlich"), s. dazu die Bemerkungen in der Rezension des Grundrisses von Lenz in dieser Zeitschrift Bd. 61 (25) S. 107f.

lungen", denen entsprechend die grundsätzliche Tendenz zum Rechtsbruch fehlt (S. 45 f.). Man wird nicht behaupten können, daß dadurch die beiden Typen der „Verbesserlichen" und „Unverbesserlichen" präzis faßbar umschrieben seien. Daß eine ungünstige soziale Prognose gegeben ist, wenn eine Tendenz zum Rechtsbruch besteht, eine günstige, wenn nicht, ist im Grunde eine Selbstverständlichkeit, so bleibt nur der Gegensatz „endogen" (S. 27: „erbmäßig veranlagt") und „exogen", der aber nicht absolut entscheidend sein soll (S. 44 f.), übrigens bedeutet er selbst ein großes Fragezeichen: wann liegt das eine, wann das andere vor? Betr. die zweite Frage, ob es möglich ist, im Einzelfall das Urteil auf „verbesserlich" oder „unverbesserlich" zu stellen, bemerkt Viernstein (S. 52), daß unsere heutigen Methoden der „kriminalbiologischen" Untersuchung „vielleicht ja sogar gewiß" noch nicht jene Höhe der Feinheit und Vollkommenheit erreicht haben, die uns gestatten könnten, mit Sicherheit über jeden Einzelfall das prognostische Bild zu ermitteln, S. 53: „soweit vorerst etwas gesagt zu werden vermag," werde man als unbedingt unverbesserlich nur diejenigen, zahlenmäßig sicher wenigen Rechtsbrecher erachten dürfen, die „den endogen präformiert unsozialen Typ" darstellen. Man sieht, daß auch Viernstein — der doch in der ganzen Frage mit reichlichem Optimismus bezüglich ihrer Lösbarkeit vorgeht — in dieser zweiten, der praktischen Frage keine Sicherheit annimmt und daß in dem „präformiert unsozial" Werturteile stecken.[4])

Fetscher („Aufgaben und Einrichtung einer Kartei der Minderwertigen") berichtet über die Einrichtung der „erbbiologischen Kartei des Sächsischen Ministeriums der Justiz", welche nicht nur Inventarisierung der Kriminellen, sondern auch der Trinker verfolgt, weitere Formen der „Abartung" sollen noch einbezogen werden.

Orschansky behandelt kurz die „kriminalbiologische" Forschung in Rußland.

Seelig spricht über ein Spezialproblem, die Ermittlung der Suggestibilität. Was er als Grundlegung über das Wesen der Suggestionserscheinungen ausführt, als welches er von dem Gegensatz von „Ernsterlebnis" und „Phantasieerlebnis" aus (S. 71 u. pass.)

[4]) Vgl. entsprechend die zit. Rezension, bei und in Anm. 30.

herausstellen will, daß ein Phantasieerlebnis ohne neuhinzukommende adäquate Ursache in das inhaltsgleiche Ernsterlebnis übergehe, ist u. E. nicht sehr einleuchtend (das Nacherleben des Erlebnisses eines anderen — Gefühls, Strebung — ist kein „Phantasieerlebnis", wie S. 71 u. pass. angenommen wird, sondern ein „ernsthaftes" Erlebnis, nur eben anderer Art als das Erleben eigenen Gefühls, Strebens, der Umschlag in letzteres ist eine Veränderung, aber nicht von Phantasie- in Ernsterlebnis), das wesentliche bei der Suggestion ist doch wohl mit Stern das Sichzueigenmachen fremder geistiger Stellungnahme unter dem Schein eigener Stellungnahme; die „Autosuggestion", die Seelig durch seine Definition miteinbeziehen will, ist eine Sache für sich. Seelig behandelt dann den „suggestiblen Menschen", der nach ihm kein einheitlicher Typ ist, er will vielmehr vier Typen aufstellen: Empfindungs-, Urteils-, Gefühls-, Strebungssuggestibilität (S. 75). Er bespricht endlich die Methoden zwecks Ermittlung, zu welchem Typ der Untersuchte gehört (und in welchem Grad), besonders die Testmethoden, für die er sinnreiche Vorschläge macht, daneben Berücksichtigung des Lebenslaufs und des körperlichen „Ausdrucks". Spezifisch „kriminalbiologisch" ist die Arbeit nicht.

Tübingen. Professor Dr. A. Hegler.

4. Angelotti, Dante, Le appropriazioni indebite nel sistema del Diritto vigente e nella nuova Legislazione penale. Napoli, Nicola Jovene e Co editori. 1930, 472 S. 50 Lire.

Eine neue gründliche Monographie über die Unterschlagung wird aus einer Reihe von Gründen der Beachtung sicher sein. Wie die Kriminalstatistik beweist, steigt dieser Typ des Eigentumsdelikts, seit dem Kriege an. Dem Phänomen liegt ein wirtschaftlicher Vorgang zugrunde. Die zunehmende Arbeitsteilung des modernen Industriestaats schafft immer neue Fälle des Gewahrsams und streckt die Gewahrsamsdauer. Dieser Prozeß konnte durch die Inflation leicht gehemmt, aber nicht zum Stehen gebracht werden, als im Sachwertsgewahrsam ein besonderer Anreiz zu günstiger wirtschaftlicher Verwertung lag. Macht man sich ferner den erleichterten Übergang vom Gewahrsam zur Zueignung klar, der in der milderen Strafandrohung seinen Ausdruck findet, betrachtet man schließlich die ungelösten Schwierigkeiten einer kurzen und doch umfassenden Tatbestandsausprägung, die auch der Entwurf von 1927 keinesfalls ausreichend hat lösen können, so wird der Nutzen einer neuen wissenschaftlichen Bearbeitung sichtbar. Es kommt hinzu, daß der Sachgewahrsam den Inhaber leicht zum wirtschaftlichen Sach**konsum** verführt, weil gerade die tatsächliche Sachbeherrschung der Hoffnung Nahrung gibt, eine neue Sache herbeigeschafft zu haben, ehe die Zueignung bemerkt worden ist, und daß die theoretisch anwendbare Schuldform des Versuchs durch die faktische Grundlage des „Besitzes" sich für das wirkliche Rechtsleben nahezu verflüchtigt.

Der Tatbestand des Diebstahls wandelt sich in den Tatbestand der Unterschlagung um, wenn man in der Diebstahlsformel das Merkmal des „Fortnehmens" gegen das Moment des „Behaltens", des rem sibi habendi, auswechselt. In beiden Fällen stand die zugeeignete Sache in fremdem Eigentum. In beiden Fällen muß eine Lebenslage vorangegangen sein, die das deutsche Strafrecht als „Gewahrsam" bezeichnet, einmal Gewahrsam eines andern, zum zweiten der Gewahrsam des Zueignenden selbst.

Der Übergang von der tatsächlichen Gewahrsamsbasis zur „Zueignung" ist bei der Unterschlagung deshalb so schwierig festzustellen, weil gerade die Herstellung eines äußeren Herrschaftsverhältnisses zur Sache eines der wesentlichen Kriterien der Zueignung ist und aus diesem Grunde beim Diebstahlsversuch z. B. Anfang der Wegnahme angenommen wird, wenn mit dem Bruch fremden Gewahrsams und der Herbeiführung eigenen Gewahrsams begonnen ist. Bei der Unterschlagung wird eine Steigerung der Sachbeherrschung verlangt, die ohne jede äußerlich sichtbare Ortsveränderung statthaben kann. Nicht nur die Sachsubstanz wird in engere Beziehung zum Gewahrsamsinhaber gebracht, es wird ihm vor allem der wirtschaftliche Sachwert in weitgehenderer Weise ausgeliefert, so daß er jetzt jenes höchste Recht des Eigentümers ausübt, die Ausschließungsbefugnis jedem andern gegenüber, vor allem aber dem Eigentümer selbst.

Man hat darüber lang und breit gestritten, ob in das äußere Herrschaftsverhältnis zur Sache subjektive Elemente einflößen, so etwa ein Beherrschungs wille und eine wirkliche oder fingierbare Beherrschungsvorstellung (ein Gewahrsams „wissen"). Zweifellos muß sich diese Willensbeziehung nicht nur steigern, sondern entscheidend inhaltlich ändern, wenn mit der Zueignung eine potenzierte Sachbeherrschung beginnt. Für das Strafrecht wird dieser Entschluß aber erst erkennbar und verwertbar, wenn der modifizierte, von der Substanzbeherrschung auf die ausschließliche Wertbeherrschung überspringende Wille sich in äußeren Verfügungsakten realisiert. Ältere deutsche Strafgesetze[1]) arbeiteten mit Zueignungspräsumptionen, die unter Umständen in die Irre führen können.

Die Unterschlagungskonstruktion des italienischen Rechtes, mit der Angelotti sich kritisch auseinandersetzt, ähnelt äußerlich mehr der französischen Bestimmung und dem Unterschlagungsparagraphen des früheren preußischen Rechts.[2]) Die Grundprobleme sind aber durchwegs die gleichen. Immer handelt es sich um jenes „diebliche Behalten", nach jener unnachahmlich kondensierenden Begriffsbildung des alten deutschen Rechts. Daß die Abstraktion des „Gewahrsams" in seiner Bedeutung immer mehr gedehnt wird, hängt damit zusammen, daß der Sachbegriff mit der Erfindung und wirtschaftlichen Ausnützung neuer Energien von der einfachsten natürlichen Sachform in stets verwickeltere, ungeformte Gebilde hinüberwächst, eine Entwicklung, von der der Zueignungsinhalt nicht unberührt bleiben kann.

Angelotti holt weit aus, ehe er die dogmatische Erörterung beginnt. Nachdem er den Eigentumsbegriff nach seiner ökonomischen und rechtlichen Seite hin kurz untersucht hat, grenzt er die Unterschlagung von den verwandten Eigentumsdelikten ab; dabei zerlegt er im Anschluß an Manzini die Gewahrsamserlangung kasuistisch.

---

[1]) So fügte das letzte Oldenburgische Strafgesetzbuch seinem Unterschlagungsparagraphen folgende Bestimmung hinzu: „Die Tat ist für vollendet zu erachten, sobald der Besitzer dem Berechtigten die Sache wissentlich ableugnet . . . oder sonst eine Handlung vornimmt, zu welcher bloß der Eigentümer berechtigt sein kann" (§ 2 zu Art. 208).

[2]) „Wer eine fremde bewegliche Sache, deren Besitz oder Gewahrsam er mit der Verpflichtung erlangt hat, sie zu verwahren, zu verwalten, zurückzugeben oder abzuliefern, zum Nachteil des Eigentümers veräußert, verpfändet, verbraucht oder beiseite schafft, macht sich einer Unterschlagung schuldig" (§ 225 Preuß. StGB. vom 30. Mai 1859). Ähnlich Art. 408 des Code pénal, und, von diesem offenbar abgeleitet, Art. 407 des italienischen Strafgesetzbuches.

In anschaulicher Weise wird die Entwicklungsgeschichte des Delikts aufgebaut. Aus der rechtlichen Urzelle des furtum spalten sich terminologisch und begrifflich Modifikationen ab, ohne daß der Zusammenhang ganz zerreißt. Bisweilen wird in späteren Zeiten die Unterschlagung dem Betrugsbegriff angelehnt. Schließlich führt die wirtschaftliche Komplizierung und die Verfeinerung des rechtlichen Denkens zur autonomen Rechtsfigur der Unterschlagung, an der wir heute noch herumziselieren.

Die Überlegungen, die Angelotti über das Tatbestandsmerkmal der beweglichen Sache anstellt, sind uns geläufig und von der deutschen Wissenschaft beim Diebstahl in größter Gründlichkeit entwickelt. Sodann nimmt Angelotti die für die weitere Untersuchung grundlegende Frage in Angriff, ob der Begriff des Besitzes im Strafrecht der gleiche sei, wie im bürgerlichen Recht. Angelotti kommt zu einer Bejahung dieser Frage, indem er sich auf die deutschen Autoren Becker, Liszt und Goldschmidt bezieht,[3]) unter den Franzosen Saillard und Garçon, von den Italiernern Carrara und Pessina anführt. Besonders Rocco findet Angelottis Beifall mit der Ansicht, allein das Privatrecht gäbe den Begriffen Eigentum und Besitz den Inhalt, der ihnen zukäme. Strafrecht sei nur Schutzverstärkung; es trete vor diese ein für allemal fixierten Befugnisse, ohne inneren Gehalt und Umfang anzutasten (S. 165).

Wenn Angelotti zu dem Schluß kommt, „possidere corpore" und die „affectio tenendi" seien die beiden Elemente des Besitzbegriffes, so ist uns diese Auffassung aus dem gemeinen Recht bekannt. Sie konnte für die Sphäre des Strafrechts auch zur Not bis zum Inkrafttreten des BGB. vertreten werden, und sie findet sich auch im Anschluß an den Besitzbegriff des preußischen Landrechts und des gemeinen Rechts in zwei Reichsgerichtsentscheidungen vertreten.[4])

---

[3]) „Per ciò la tendenza dominante e moderna degli scrittori di diritto penale germanico è per la teoria del possesso secondo il diritto privato" Angelotti S. 160. Angelotti hat offenbar eine ältere Ausgabe des Lisztschen Lehrbuches benutzt.

[4]) „Damit verkennt indessen die Revision, daß nach § 246 a. a. O. nicht bloß der Gewahrsaminhaber, sondern auch der Besitzer einer fremden Sache der Unterschlagung sich schuldig machen kann. Durch den mit der Witwe T. abgeschlossenen Leihvertrag war der Angeklagte unvollständiger Besitzer der ihm zur Verpfändung

Das BGB. aber verlangt für den Besitz nur die tatsächliche Gewalt, keinerlei Willen mehr. Die Absicht war, den Besitzschutz für willensunfähige Personen klarzustellen und gewisse Besitzfiktionen gezwungener Art zu vermeiden. Diese Ausschaltung des Willenselements mag man, wie es die Mehrzahl der Romanisten tut, als keinen Fortschritt ansehen, sicher ist, daß unser neues bürgerliches Recht den geglückten oder mißglückten Versuch gemacht hat, der tatsächlichen Gewalt über eine Sache ohne ein bestimmtes inneres Willensmoment weitgehende rechtliche Folgen zu geben. Man kann Angelotti nicht beistimmen, wenn er meint, die deutsche Wissenschaft lege dem „Gewahrsam" des Strafrechts den zivilistischen Besitzbegriff zugrunde, denn der veränderte Besitzbegriff des BGB. war im Strafrecht nicht brauchbar, und weil er nicht zu handhaben war, ist die Rechtsprechung wie die Wissenschaft vom Terminus wie vom Begriff des Besitzes abgerückt[5]) und hat an seine Stelle die rein

überlassenen Obligation geworden . . . Nur dadurch, daß der Angeklagte unvollständiger Besitzer verblieb, war er in der Lage, die Obligation, ohne sie wegzunehmen und so einen Diebstahl zu begehen, sich rechtswidrig zuzueignen. Insofern hatte der Angeklagte allerdings im Sinne des § 246 a. a. O. die Obligation zur Zeit des Verkaufes im Besitz und beging durch die rechtswidrige Zueignung derselben eine Unterschlagung". RGSt. 6, 118.

Einen animus rem sibi habendi nimmt auch noch RGSt. 16, 243 an, indem es ausführt: „Beide begaben sich des Besitzes infolge ausgesprochenen Besitzaufgebungswillens". Das Urteil ist am 13. Juli 1887 ergangen, ihm liegt das Besitzrecht des gemeinen Rechts zugrunde.

[5]) Durch Abstellung auf die tatsächliche Gewalt hat das BGB. den Besitzstand von der Frage nach dem Besitzwillen, der oft nur willkürlich zu konstruieren war, unabhängig machen wollen. Dafür mußte man aber zu neuen Fiktionen greifen: denn das bürgerliche Recht erklärt bisweilen nicht den, der tatsächliche Gewalt über die Sache ausübt, sondern einen andern für den „Besitzer" (z. B. § 855 BGB.) oder es nimmt umgekehrt in manchen Fällen Besitz an, ohne auf die tatsächliche Sachbeherrschung zu sehen (Erbenbesitz nach deutschrechtlicher Anschauung (§ 857 BGB.), wobei noch Entw. I den Besitz als unvererblich ansah und den Erben in eigenen Bestimmungen schützte, und der mittelbare Besitz des § 868 BGB., der eine Zweiteilung des Besitzes vornimmt) . . Daß diese Besitzformen der „Innehabung" dem Gewahrsam des Strafrechts nicht gleichstehen, hat RGSt. 37, 200 mit großer Entschiedenheit ausgeführt: „. . Daraus ergibt sich, daß . . . da, wo im bürgerlichen Recht Besitz ohne Innehabung der Sache anerkannt ist, der bürgerlichrechtliche Besitzbegriff mit dem strafgesetzlichen sich nicht deckt. Von dem ‚Inhaben' einer Sache läßt sich aber nur dann sprechen, wenn das physische Vermögen tatsächlicher Herrschaftsausübung, eine tatsächliche Verfügungsgewalt über sie besteht. In diesem Sinne wird denn auch das Begriffsmerkmal des ‚Besitzes oder Gewahrsams' im § 246 StGB. von der herrschenden Lehre verstanden. Dabei ist davon ausgegangen, daß aus der Fassung des Gesetzes ‚Besitz oder Gewahrsam' nicht die Notwendigkeit abzuleiten ist, daß unter ‚Besitz' ein von dem ‚Gewahrsam' an der Sache wesentlich verschiedenes Verhältnis zu dieser zu verstehen sei."

strafrechtliche Figur des „Gewahrsams" gesetzt, in der allerdings der alte Besitzbegriff mit seinem animus tenendi — animus im Sinne von Wollen und Wissen — seine Wiederauferstehung feiert.

Mit dieser Entfernung vom Besitz des bürgerlichen Rechts gewinnt die sehr eingehende Untersuchung Angelottis über die verschiedenen Besitztitel (S. 233—447) ein anderes Gesicht. Zivilistisch und rechtsvergleichend von großem Interesse, sind diese Erörterungen für den deutschen Strafrechtler nicht unmittelbar brauchbar. Unter den Besitzfragen wird das pactum reservati dominii, donec pretium solvatur, schwierige Problemstellungen abgeben, zumal diese Verkaufsform in rascher Zunahme begriffen ist. Liegt Unterschlagung vor, wenn der Käufer eine mit Eigentumsvorbehalt gekaufte Nähmaschine verpfändet, um mit dem Erlös die letzte fällige Rate zu bezahlen? Jedenfalls würde nach deutschem Recht ein Irrtum über diesen faktischen Zueignungsakt, der gleichzeitig ein Zueignungsrecht gewährt, obschon die entscheidenden Zeitpunkte nicht zusammenfallen, nach § 59 StGB. beachtlich sein. Die Rechtsprechung des römischen Kassationshofs zu diesen Fragen, die sich bei Angelotti findet, liest sich mit Gewinn.

Da im deutschen Entwurf Diebstahl und Unterschlagung in Bereicherungsdelikte umgebildet werden, sind die Ausführungen vonnutzen, die Angelotti über den animus lucri faciendi entwickelt. In diesem psychologischen Element ist nach italienischem Recht die Abgrenzung von der bloß unerlaubten Handlung gelegen. Das consilium fraudis bleibt ausgeschlossen und damit die strafbare Handlung überhaupt, „ove consti dell' animo di restituirle, in base anche alla potenzialità economica dell' agente". (Entsch. des Kass.-Hofs v. 24. Mai 1929.) Man glaubt Frank zu hören, wenn er von Ersatzbereitschaft unter gleichzeitiger Ersatzmöglichkeit spricht (Strafgesetzbuch, Tübingen 1930, 537). Wer menschliche Temperamente, vor allem solche kennt, die sich von der Norm entfernen, weiß, daß die so objektiv klingende Voraussetzung der Ersatzmöglichkeit starken subjektiven Färbungen unterliegt; es gibt einen krankhaften Optimismus, der in sich echt ist, obschon sein Vorstellungsbild mit objektiver Ersatzmöglichkeit nicht zusammenfällt. Am brauchbarsten bleibt immer noch für die Praxis ein Negativum, das mangelnde consilium fraudis.

Die Anregung, die **Angelottis** umfangreiches Werk dem deutschen Strafrechtler gibt, ist nicht gering. Er hat ein reiches Material zusammengestellt und manchen eigenen Gedanken hinzugetragen. Zudem erwachsen dem Land mit doppelten Seeflanken Sonderprobleme; so wird an den im Schiffbruch über Bord geworfenen Gegenständen der Besitz **nicht** verloren, da die Besitzaufgabe keine freiwillige ist. Wer solche Objekte an sich nimmt und behält, statt sie abzuliefern, begeht nach italienischem Recht Unterschlagung. Auf dem Wege der Anzeigepflicht des Bergers kommt unsere Rechtsordnung zu einem ähnlichen Ergebnis.

Kiel. Professor Dr. v. **Hentig**.

Kolibri 360 GmbH
Ferdinand-Jühlke-Straße 7
99095 Erfurt, Deutschland
produktsicherheit@kolibri360.de